外形標準課税の実務ガイドブック

 税理士法人 山田&パートナーズ 編

中央経済社

はじめに

　昭和24年の第一次シャウプ勧告以降，事業税の課税方式については，単に利益だけでなく，利益と利子，賃借料および給与支払額の合計に課税標準を拡張する，いわゆる付加価値税が理論的に優れていると言われてきました。しかし，租税負担が激変すること，赤字が生じたときにも納税の義務があること等の理由から，政府税制調査会において何度も議論されつつ，導入に至るまでかなりの時間を要することとなりました。

　その後，ようやく小規模な企業の経営に与える影響等に配慮し，資本金1億円超の法人を対象として，平成16年度に外形標準課税が導入されました。しかし，資本金のみを基準とする判定方法であることから，無償減資や持株会社化・分社化等を行うことで比較的容易に判定対象外とすることができ，本来であれば外形標準課税が適用されるべき企業においても適用されないケースが散見されることとなりました。このような状況が常態化したため，外形標準課税制度の意義，経緯，役割から見て，公平性・税収の安定性が損なわれる事態が懸念され，制度的な対応が検討されてきました。

　そして，令和6年度税制改正において，上記課題に対応する形で，制度創設以来用いられてきた「資本金1億円超」の基準を維持しつつ，追加的な基準を設ける対応が図られることになりました。

　本改正により，これまで単純かつ明確な資本金基準のみで適用を判定できた外形標準課税が，従前の制度に比してかなり複雑化することとなります。本書では，改正の背景を交えつつ，どのような法人が外形標準課税の対象法人となるのか，今後どのような取引を行う場合に，何に留意すべきなのかについて，想定される具体的事例を用いて解説します。また，改正後は，払込資本として「資本金と資本剰余金」の額が判定上重要な要素となるため，いわゆる税務基準に基づいた処理だけでなく，会社法や会計処理の正確な知識も必要となります。本書においては，法人事業税の基本的な取扱いとともにこれらの論点を8章に区分して解説しています。本書が，法人事業税の実務に携わる方に少しで

もお役立て頂けますと幸いです。

　最後に，本書を刊行する機会を頂き，企画から発行まで終始ご協力頂きました中央経済社の末永氏に深く感謝致します。

　2024年9月

税理士法人 山田＆パートナーズ執筆者一同

III

本書における資本に関する記載について

　本書において，地方税法における以下の用語は，解説の簡略化・明瞭化のためそれぞれに掲げる用語に置き換えて記載している。

地方税法上の記載	置換え後の記載
資本金の額又は出資金の額 （資本金の額若しくは出資金の額）	資本金
払込資本の額	資本金と資本剰余金の合計額

（注）　一部の解説においては地方税法に記載された用語のままで解説している箇所もあり，必ずしも統一的な置換えではない点についてはご留意頂きたい。

■置換えについての補足事項

１．「資本金の額又は出資金の額」について

　地方税法第72条の２において，外形標準課税の対象とならない法人について，「資本金の額若しくは出資金の額が１億円以下のもの」と記載されている。

　ここで，資本金の額とは，会社法における株式会社または合同会社が株主または社員から払込み等を受けた財産について資本金として計上した金額であり，出資金の額とは合名会社，合資会社その他出資を有する法人が同様の財産について計上した金額をいう。本書においては，これらを「資本金」と記載する。

（参照条文）

> 地法72の２（事業税の納税義務者等）①一口柱書き（一部抜粋）
> …所得等課税法人以外の法人で資本金の額若しくは出資金の額が１億円以下のもの又は資本若しくは出資を有しないもの…

２．「払込資本の額」について

　地方税法における「払込資本の額」とは，令和６年度税制改正により外形標準課税の適用判定において新たな判定基準として追加された金額であり，以下の法令の抜粋のとおり，資本金の額または出資金の額と資本剰余金の金額（ま

Ⅳ

たはこれらに準ずる金額）との合計額をいう。本書においては，「資本金と資本剰余金の合計額」と記載する。

　なお，資本剰余金は，さらに資本準備金とその他資本剰余金に区分される。本書の解説上，単に「資本剰余金」と記載する場合と，具体例に基づいて「資本準備金」や「その他資本剰余金」と記載する場合があるため，ご留意頂きたい。

（参照条文）

> 地法72の２（事業税の納税義務者等）①一ロ(1)（一部抜粋）
>
> 　(1)　特定法人（払込資本の額（法人が株主又は合名会社，合資会社若しくは合同会社の社員その他法人の出資者から出資を受けた金額として政令で定める金額をいう。以下(1)及び(2)において同じ。）が50億円を超える法人…（以下省略）
>
> 地令10の２（払込資本の額）
>
> 　法第72条の２第１項第１号ロ(1)に規定する政令で定める金額は，資本金の額又は出資金の額と総務省令で定める金額との合計額とする。
>
> 地規３の13の４（政令第10条の２の金額）
>
> 　政令第10条の２に規定する総務省令で定める金額は，会社法第431条又は第614条に規定する一般に公正妥当と認められる企業会計の慣行に従い，会社計算規則の規定に基づき計算した同令第76条第２項第３号又は第３項第３号に規定する資本剰余金の金額（同法第２条第１号に規定する会社以外の法人にあっては，これらに準ずる金額）とする。

（注）　上記の法令のほか，各法令の附則においても同様の規定がある。

i

目　次

第1章　法人事業税および外形標準課税の基礎知識

Q1-1　法人事業税の概要 ………………………………………… 2
Q1-2　令和6年度税制改正前における法人事業税の納税義務者
　　　 …………………………………………………………………… 4
Q1-3　外形標準課税の概要と計算方法 ………………………… 6
Q1-4　法人事業税が非課税となる場合 ………………………… 9
Q1-5　特定内国法人の法人事業税の計算 …………………… 12
Q1-6　外国法人の法人事業税 …………………………………… 16

第2章　外形標準課税に関する令和6年度税制改正の内容

Q2-1　外形標準課税に関する令和6年度税制改正の概要 …· 20
Q2-2　設立以来資本金が1億円以下である法人への影響 …· 23
Q2-3　前期対象法人の資本剰余金判定（減資への対応）…… 25
Q2-4　「親会社規模判定」の概要 ………………………………… 30
Q2-5　特定法人の定義 …………………………………………… 32
Q2-6　特定法人の定義（資本金1億円以下の場合）………… 36
Q2-7　特定法人の定義（外国法人の場合）…………………… 38
Q2-8　特定法人の定義（相互会社の場合）…………………… 40
Q2-9　特定法人の100％子法人等の範囲 …………………… 42
Q2-10　特定法人の100％子法人等における資本剰余金を原資
　　　 とする配当額の加算措置 ……………………………… 49
Q2-11　親会社規模判定により新たに外形標準課税の対象とな
　　　 る法人の負担緩和措置 ………………………………… 53
Q2-12　M&Aによる子会社化に対する特例措置 …………… 56

第3章 改正への実務対応
前期対象法人の資本剰余金判定に関する具体例

Q3-1 公布日の前日までに資本金を1億円以下に減資した場合の影響 …………………………………………………… 60

Q3-2 公布日以後に資本金を1億円以下に減資した場合の影響 …………………………………………………… 64

Q3-3 増加した資本金の額を同一事業年度中に減資する場合 …………………………………………………… 66

Q3-4 一般的な事業承継スキームへの対応 ………………… 69

第4章 改正への実務対応
親会社規模判定に関する具体例

Q4-1 公布日以後に100%親会社に対して資本剰余金を原資とする配当を行った場合 ………………………… 76

Q4-2 公布日の前日までに100%親法人に対して資本剰余金を原資とする配当を行った場合 ………………… 79

Q4-3 自己株式の取得・消却を行った場合の影響 ………… 81

Q4-4 外形標準課税の対象外の会社が株式交換・移転を実施した場合の影響 …………………………………… 85

Q4-5 特定法人の子会社同士が合併する場合の影響 ……… 91

Q4-6 特定法人の子会社が会社分割する場合の影響 ……… 94

Q4-7 特定法人が会社分割により子会社を設立する場合と, 子会社設立後に無対価吸収分割を行う場合の比較 …… 97

Q4-8 M&Aによりグループ外企業を子会社化した場合の影響 …………………………………………………… 102

目　次　iii

第5章　付加価値割の計算

Q5-1	計算方法	106
Q5-2	報酬給与額	111
Q5-3	労働者派遣を受けている場合の取扱い	119
Q5-4	労働者派遣をしている場合の取扱い	120
Q5-5	出向者に関する取扱い	122
Q5-6	純支払利子	124
Q5-7	純支払賃借料	129
Q5-8	単年度損益	133
Q5-9	雇用安定控除額	136
Q5-10	雇用安定控除額の計算方法	137
Q5-11	賃上げ促進税制	138
Q5-12	特定内国法人（国外にPEのある法人）	144
Q5-13	課税標準の算出上，控除する外国の事業に帰属する付加価値額の計算方法	145
Q5-14	国内にPEのある外国法人	147

第6章　資本割の計算

Q6-1	資本割の計算方法	150
Q6-2	資本割の課税標準である資本金等の額	152
Q6-3	無償減資等により欠損塡補を行った場合における資本割の課税標準の計算	154
Q6-4	特定持株会社に該当する場合の資本割の課税標準の特例	156
Q6-5	資本金等の額が1千億円を超える場合における資本割の課税標準の圧縮措置	158
Q6-6	外国で事業を行う特定内国法人の資本割の計算	159

第7章 法人事業税の申告・税率・分割基準

Q7-1 法人事業税の申告納付 ………………………………… 162

Q7-2 法人事業税の税率 ……………………………………… 166

Q7-3 法人事業税の分割基準 ………………………………… 170

Q7-4 法人が解散・清算をする場合の法人事業税の申告納付
…………………………………………………………… 174

第8章 会計処理の実務対応
資本金の額・資本剰余金の額が増減するケース

Q8-1 増資をした場合に増加する資本金の額および資本剰余金
の額 ……………………………………………………… 178

Q8-2 資本金の額または資本剰余金の額が減少する場合
…………………………………………………………… 183

Q8-3 欠損填補を行う場合 …………………………………… 188

Q8-4 資本金の額または資本剰余金の額が増加する組織再編
の範囲 …………………………………………………… 192

Q8-5 企業結合会計の概要 …………………………………… 198

Q8-6 資本金の額または資本剰余金の額が増加する組織再編
成について，受け入れた資産負債を時価で評価する場
合の会計処理 …………………………………………… 201

Q8-7 資本金の額または資本剰余金の額が増加する組織再編
成について，受け入れた資産負債を帳簿価額で評価す
る場合の会計処理 ……………………………………… 206

Q8-8 分割型分割における分割会社の純資産の部の会計処理
…………………………………………………………… 209

Q8-9 対価を交付しない場合の組織再編における純資産の部
の会計処理 ……………………………………………… 212

■凡例

略称	正式名称
地法	地方税法
地令	地方税法施行令
地規	地方税法施行規則
地法附則	地方税法附則
地令附則	地方税法施行令附則
7年新法	地方税法等の一部を改正する法律（令和6年法律第4号）第2条の規定による改正後の地方税法（施行期日：令和7年4月1日）
8年新法	地方税法等の一部を改正する法律（令和6年法律第4号）第3条の規定による改正後の地方税法（施行期日：令和8年4月1日となる部分）
8年新令	地方税法施行令の一部を改正する政令（令和6年政令第138号）の規定による改正後の地方税法施行令（施行期日：令和8年4月1日となる部分）
改正法附則	地方税法等の一部を改正する法律（令和6年法律第4号）に係る附則
7年新法附則	7年新法に係る附則
8年新法附則	8年新法に係る附則
8年新令附則	8年新令に係る附則
通知（県）	地方税法の施行に関する取扱いについて（道府県税関係）
8年通知（県）	通知（県）の一部改正（総税都第10号令和6年4月1日）のうち令和8年4月1日以後に開始する事業年度分の法人の事業税より適用される部分
国外所得通知	事業税における国外所得等の取扱いについて（平成16年4月1日総税都第16号）
法法	法人税法
法令	法人税法施行令
会計規	会社計算規則
自己株式等会計基準	自己株式及び準備金の額の減少等に関する会計基準
自己株式等適用指針	自己株式及び準備金の額の減少等に関する会計基準の適用指針
企業結合会計基準	企業結合に関する会計基準
結合分離適用指針	企業結合会計基準及び事業分離等会計基準に関する適用指針

第1章

法人事業税および外形標準課税の基礎知識

　本章では，法人事業税の計算に関する全体像と本書のテーマである外形標準課税の概要について確認する。外形標準課税の内容については，令和6年度税制改正前の取扱いを記載しており，改正の内容については第2章から第4章において解説する。

Q1-1 法人事業税の概要

法人事業税の概要について教えてください。

POINT ・・・

☑ 法人事業税は道府県税であり，法人がその事業活動を行うにあたって受けている行政サービスの経費を分担すべきであるという応益的な考え方に基づいて課されるものである。

☑ 法人事業税は4つの課税方式（付加価値割，資本割，所得割，収入割）から構成されている。

☑ 一定規模以上の法人は，所得の多寡にかかわらず，事業活動の大きさに応じた税負担を求める仕組みである外形標準課税（付加価値割，資本割）を負担する。

・・・

A・解 説 ・・

1 法人事業税の課税趣旨

　地方公共団体が供給する行政サービスは，法人の事業活動にさまざまな形で寄与しており，企業に対する直接のサービスのみならず，福祉，教育，環境保全，産業・都市基盤整備，警察や消防・防災など，極めて広範に及んでいる。

　法人事業税は，法人が行う事業そのものに課される道府県税であり，法人がその事業活動を行うにあたっては地方公共団体の各種の行政サービスの提供を受けていることから，これに必要な経費を分担すべきであるという応益的な考え方に基づいて課税される。

　このように，法人事業税は法人に対し，その企業活動により得られる利益を基礎にして税負担を求める法人税とは課税の根拠，課税客体などを異にしているものである。

2 ┃ 法人事業税の種類

　法人事業税には，付加価値割・資本割・所得割・収入割の4種類がある。このうち一定の規模以上の法人に対する課税方式が付加価値割と資本割であり，まとめて外形標準課税という。このほかに，法人の所得額や収入額に基づき課税される所得割や収入割が設けられている。

　外形標準課税は，税負担の公平性の確保，応益課税としての税の性格の明確化，税収の安定化，経済活性化の促進等を図るため，所得への課税の一部を振り替える形で，平成16年度（2004年度）に導入された。所得の多寡にかかわらず事業活動の大きさに応じた税負担を求める仕組みであり，赤字企業においても税負担を求められることから，小規模な企業の経営に与える影響等に配慮し，導入以降，資本金1億円以下の法人を適用対象に含めず，大法人に対してのみ適用することとされてきた。

4

| **Q1-2** | 令和6年度税制改正前における法人事業税の納税義務者 |

令和6年度税制改正前における法人事業税の納税義務者について教えてください。

POINT ・・・

☑ 法人事業税は道府県税であり，法人が都道府県において事務所または事業所を設けて事業を行う場合に納税義務が生じる。

・・・

A・解説・・

1 法人事業税の納税義務者の区分（地法72の2）

　法人事業税は，その法人の行う事業，法人の種類，および期末資本金の額などに応じて，課される税の種類が異なる。

　期末資本金が1億円超の法人については外形標準課税対象法人として「所得割」，「付加価値割」，「資本割」が課され，期末資本金が1億円以下の法人については「所得割」が課される。ただし，資本金の額にかかわらず，公益法人等や人格のない社団等，地方税法上の特別法人（農業協同組合，医療法人など）などについては「所得割」のみが課される。

　また，電気供給業（小売電気事業等，発電事業等，特定卸供給事業を除く。），導管ガス供給業，保険業を行う法人については，当該事業について「収入割」が課され，電気供給業のうち小売電気事業等，発電事業等，特定卸供給事業を行う法人については，期末資本金が1億円超の場合には「収入割」，「付加価値割」，「資本割」が，期末資本金が1億円以下の場合には「収入割」，「所得割」が課される。ガス供給業のうち特定ガス供給業を行う法人については「収入割」，「付加価値割」，「資本割」が課される。

　これらをまとめると次の表のとおりとなる。

第1章　法人事業税および外形標準課税の基礎知識　5

■令和6年度税制改正前の法人事業税の課税区分（令和4年4月1日以後に開始する事業年度）

事業の内容	法人の種類	期末資本金の額または出資金の額	課税される事業税の種類
下記以外	公益法人等，人格のない社団等，特別法人（農業協同組合，信用金庫，医療法人など）など	―	所得割
	上記以外（一般ガス供給業を含む）	1億円以下	
		1億円超	所得割・付加価値割・資本割
電気供給業（下記の事業を除く。），導管ガス供給業，保険業	―	―	収入割
電気供給業（小売電気事業等，発電事業等，特定卸供給事業）	―	1億円以下	収入割・所得割
	―	1億円超	収入割・付加価値割・資本割
特定ガス供給業	―	―	収入割・付加価値割・資本割

（注）　所得等課税事業と収入金額課税事業を併せて行う場合には，事業ごとに区分して税額を計算し，合算して申告をする。ただし，従たる事業は主たる事業に比して軽微であると認められる場合には，従たる事業を主たる事業の課税方式に含めて計算することができる（通知（県）3章4の9の9）。

| **Q1-3** | 外形標準課税の概要と計算方法 |

外形標準課税について，その概要と計算方法を教えてください。

POINT ···

☑ 外形標準課税とは，企業の担税力の源泉となる所得に対して課税する方式ではなく，企業の事業規模や付加価値，活動量など外形から客観的に判断できる基準に対して課税する方式をいう。

☑ 一般的に，外形標準課税とは法人事業税の課税方式である「付加価値割」，「資本割」のことを指す。

··

A·解 説 ···

1 外形標準課税の概要

外形標準課税とは，企業の事業規模や付加価値，活動量など外形から客観的に判断できる基準に対して課税する方式をいうが，一般的には，平成16年度（2004年度）に導入された法人事業税の課税方式である「付加価値割」と「資本割」のことを指す。

「付加価値割」，「資本割」は，税負担の公平性の確保，応益課税としての税の性格の明確化，税収の安定化，経済活性化の促進等を図るため，所得への課税の一部を振り替える形で導入された課税方式である。所得の多寡にかかわらず事業活動の大きさに応じた税負担を求める仕組みであり，赤字企業においても税負担を求められることから，小規模な企業の経営に与える影響等に配慮し，導入以降，資本金1億円以下の法人を適用対象に含めず，大法人に対してのみ適用することとされてきた。

第1章 法人事業税および外形標準課税の基礎知識 **7**

2 ▌課税標準額

付加価値割および資本割は，課税標準額に対して税率を乗じて計算する。付加価値割の課税標準額は付加価値額であり，資本割の課税標準額は資本金等の額である。それぞれの詳細は以下のとおりである。

区分	課税標準額	内　　容
付加価値割	付加価値額	収益配分額＋単年度損益 ※収益配分額 　報酬給与額＋純支払利子＋純支払賃借料 ※単年度損益 　法人税の課税標準である所得金額に一定の調整を加えた金額
資本割	資本金等の額	各事業年度終了の日における次の金額のうちいずれか大きい金額 ● 法人税法上の資本金等の額に無償増減資等に係る調整額を加減算した金額 ● 資本金と資本準備金の合計額または出資金の額

3 ▌計算方法の比較（収入割が課される法人を除く。）

所得割のみが課される法人と外形標準課税対象法人（所得割・付加価値割・資本割が課される法人）の法人事業税および特別法人事業税の計算方法を標準税率で比較すると，次のとおりとなる。

■事業税・特別法人事業税の計算方法の比較

(1)　所得割のみが課される法人
① 　事業税 　　所得割　所得金額×7％ ② 　特別法人事業税　①×37％ ③ 　事業税・特別法人事業税計　①＋②
(2)　外形標準課税対象法人
① 　事業税

（イ）　所得割　　所得金額×1％
　　（ロ）　付加価値割　　付加価値額×1.2％
　　（ハ）　資本割　　資本金等の額×0.5％
　　（二）　事業税計　　（イ）＋（ロ）＋（二）
　②　特別法人事業税　　①（イ）×260％
　③　事業税・特別法人事業税計　　①＋②

（注1）　所得割，付加価値割，資本割の税率は標準税率を記載しているが，超過税率が適用される場合がある。

（注2）　所得割については，年400万円以下および年800万円以下の所得金額について，軽減税率が適用される場合がある。

（注3）　所得割について超過税率が適用される場合においても，特別法人事業税の課税標準額は標準税率で計算した場合の所得割の額となる。

（注4）　医療法人，農業協同組合等の特別法人については，上記と異なる税率で計算する。

第 1 章　法人事業税および外形標準課税の基礎知識　9

Q1-4 **法人事業税が非課税となる場合**

> 法人事業税が非課税となる場合について教えてください。

POINT ・・
- ☑ 公共法人が行う事業はすべて法人事業税が非課税となる。
- ☑ 林業，鉱物の掘採事業，特定の農事組合法人が行う農業は法人事業税が非課税となる。
- ☑ 公益法人等および人格のない社団等が行う事業については，その所得または収入金額で収益事業以外の事業に係るものは法人事業税が非課税となる。

・・・

A・解 説 ・・・

1 ┃ 法人事業税の非課税事業の範囲

　法人事業税は，その事業の公共性への配慮や政策的な目的から非課税の取扱いを設けている。非課税とされる主な事業は以下のとおりである。

> イ　公共法人が行う事業（地法72の4①）
>
> ロ　林業，鉱物の掘採事業，特定の農事組合法人が行う農業（地法72の4②③）
>
> ハ　公益法人等および人格のない社団等が行う事業の所得または収入金額で，収益事業以外の事業に係るもの（地法72の5）

2 ┃ 公共法人および公益法人等の範囲

(1)　公共法人（地法72の4）

　法人事業税が非課税とされる公共法人は，法人税法に定める公共法人と同範囲である。具体的には，地方公共団体，独立行政法人，国立大学法人，日本年

金機構，日本放送協会などが挙げられる。

(2) 収益事業以外の事業に係る所得または収入金額が非課税となる公益法人等（地法72の5）

① 公益法人等の範囲

収益事業以外の事業に係る所得または収入金額について法人事業税が非課税とされる公益法人等とは，次の法人をいう。

> イ　法人税法別表第二に規定する独立行政法人
> ロ　日本赤十字社，社会医療法人，社会福祉法人
> ハ　弁護士会，司法書士会，税理士会，社会保険労務士会
> ニ　法人である労働組合，職員団体
> ホ　信用保証協会，全国健康保険協会，企業年金連合会
> ヘ　管理組合法人，団地管理組合法人，マンション建替組合
> ト　特定非営利活動法人（NPO法人）
> など

② 収益事業の範囲（地令15，法令5）

公益法人等や人格のない社団等について法人事業税が課される収益事業とは，法人税法施行令第5条（収益事業の範囲）に定める事業をいい，継続して事務所または事業所を設けて行われるものをいう。具体的には次の34種類の事業である。

> **34種類の収益事業**
>
> 物品販売業，不動産販売業，金銭貸付業，物品貸付業，不動産貸付業，製造業，通信業，運送業，倉庫業，請負業，印刷業，出版業，写真業，席貸業，旅館業，料理店業その他の飲食店業，周旋業，代理業，仲立業，問屋業，鉱業，土石採取業，浴場業，理容業，美容業，興行業，遊技所業，遊

第1章　法人事業税および外形標準課税の基礎知識　11

覧所業，医療保健業，技芸教授業，駐車場業，信用保証業，無体財産権の
提供等を行う事業，労働者派遣業

12

Q1-5 特定内国法人の法人事業税の計算

外国において事業を行う特定内国法人の法人事業税の計算について教えてください。

POINT

☑ 法人事業税は，日本の地方公共団体の各種行政サービスの提供に必要な経費を分担すべきであるという考え方に基づいて課税される。そのため，国外の事業活動に係る部分については，法人事業税の課税標準から除いて税額を計算する。

A・解 説

1 特定内国法人に該当する場合の事業税の計算

法人事業税は，日本国内の行政サービスの経費負担としての性格を有しているため，法人事業税の課税標準額からは国外の事業に帰属する部分を除外することとしている。国外の事業に帰属する部分とは，国外の恒久的施設（支店，工場など一定の施設）において事業を行う場合における，当該恒久的施設（Permanent Establishment：PE）に帰属する部分をいい，国外に恒久的施設（PE）を有する内国法人を特定内国法人という。

2 所得割・付加価値割・収入割の計算（地法72の24，72の19，72の24の3）

特定内国法人の所得割，付加価値割および収入割の課税標準額は，以下の算式により計算する。

第1章　法人事業税および外形標準課税の基礎知識　**13**

課税標準となる所得・付加価値額・収入金額	＝	所得・付加価値額・収入金額の総額	－	国外の事業に帰属する所得・付加価値額・収入金額

　課税標準額から控除する「国外の事業に帰属する所得・付加価値額・収入金額」の計算については，以下の区分による。

(1)　原則・区分計算

　所得割の計算における所得については，その法人が次のいずれかに該当する場合には，国内の事業に帰属する所得と国外所得とを区分して計算する（国外所得通知6）。

（ア）法人税の申告において外国税額控除に関する明細書を提出している場合

（イ）外国に所在する事務所等の規模，従業者数，経理能力等からみて，国外所得を区分計算することが困難でないと認められる場合

　国外所得とは，原則として法人税法第69条第4項第1号に規定する「国外事務所等に帰せられるべき所得」と同範囲であり，同法同条の計算の例によって算出することになる（国外所得通知7）。

　付加価値割の計算における国外の事業に帰属する付加価値額および収入割の計算における国外の事業に帰属する収入金額も国外所得の取扱いに準じて計算することとされているため，それぞれ，原則として国外事務所等に帰せられるべき金額を区分計算して算出する（国外所得通知14，18）。

(2)　区分計算が困難な場合（地令21の9，20の2の20，23）

　法人税の申告において外国税額控除に関する明細書を提出しておらず，かつ，当該外国に所在する事務所等の規模，従業者数，経理能力等からみて，国外所得を区分計算することが困難であると認められる場合には，以下の算式により計算する。

$$\boxed{\begin{array}{c}\text{国外の事業に帰属する}\\\text{所得・付加価値額・収}\\\text{入金額とみなす金額}\end{array}} = \boxed{\begin{array}{c}\text{所得等※}\\\text{の総額}\end{array}} \times \dfrac{\text{国外PEの従業者数}}{\text{総従業者数}}$$

※〔所得割の場合〕所得
　〔付加価値割の場合〕報酬給与額・純支払利子・純支払賃借料および単年度損益
　〔収入割の場合〕収入金額

3 資本割の計算（地法72の22①）

特定内国法人の資本割の課税標準額を，以下の算式により計算する。

$$\boxed{\begin{array}{c}\text{課税標準となる}\\\text{資本金等の額}\end{array}} = \boxed{\begin{array}{c}\text{資本金等の額}\\\text{の総額}\end{array}} - \boxed{\begin{array}{c}\text{国外の事業の規模等を}\\\text{勘案して計算した金額}\end{array}}$$

課税標準額から控除する「国外の事業の規模等を勘案して計算した金額」の計算については，以下の区分による。

(1) 原則（付加価値額按分）（地令20の2の24①）

原則として，資本金等の額に付加価値割の計算における付加価値額の総額のうちに国外の事業に帰属する付加価値額の占める割合を乗じて計算する。

【算式】

$$\boxed{\begin{array}{c}\text{国外の事業の規模等を}\\\text{勘案して計算した金額}\end{array}} = \boxed{\begin{array}{c}\text{資本金等の額}\\\text{の総額}\end{array}} \times \dfrac{\text{国外PEの付加価値額}}{\text{付加価値額の総額}}$$

(2) 例外（従業者数按分）（地令20の2の24②）

国外付加価値額の計算について区分計算を行い，かつ，次の（ア）から（ウ）までのいずれかの要件に該当する場合には，従業者数按分により計算する。

第1章　法人事業税および外形標準課税の基礎知識　15

【要件】

（ア）国外の事業に帰属する付加価値額≦0

（イ）付加価値額の総額－国外の事業に帰属する付加価値額≦0

（ウ）（付加価値額の総額－国外の事業に帰属する付加価値額）÷付加価値額の総額＜50％

【算式】

$$\boxed{\begin{array}{c}\text{国外の事業の規模等を}\\\text{勘案して計算した金額}\end{array}} = \boxed{\begin{array}{c}\text{資本金等の額}\\\text{の総額}\end{array}} \times \frac{\text{国外PEの従業者数}}{\text{総従業者数}}$$

Q1-6 外国法人の法人事業税

外国法人の法人事業税について教えてください。

POINT ···

☑ 外国法人であっても，日本国内に恒久的施設を有している場合は法人事業税の納税義務者となる。また，事業年度終了の日に資本金が１億円を超えていれば外形標準課税の対象となる。

☑ 外国法人の資本金の判定においては，事業年度終了の日の電信売買相場の仲値（TTM）により換算した円換算額による。

···

A·解 説 ···

1 │ 外国法人の納税義務

外国法人であっても，日本国内に支店等の恒久的施設を有し事業を行っている場合には法人事業税の納税義務者となる（地法72の２⑥，通知（県）３章１の１，１の４）。

また，事業年度終了の日に資本金が１億円を超えていれば外形標準課税の対象となる。この場合，資本金の額は，当該事業年度終了の日の対顧客直物電信売相場と対顧客直物電信買相場の仲値（TTM。以下「電信売買相場の仲値」という。）により換算した円換算額による（通知（県）３章１の２(2)）。

なお，電信売買相場の仲値は，原則として，その法人の主たる取引金融機関のものによることとするが，その法人が，同一の方法により入手等をした合理的なものを継続して使用している場合には，これによることも認められている。

2 │ 外国法人の所得割の計算（地法72の23①，法法141①）

外国法人の所得割は，次の金額の合計額を課税標準額として計算する。

(1) 日本国内の恒久的施設に帰せられるべき所得（法人税法第138条第1項第1号に掲げる国内源泉所得）
(2) 外国法人の法人税の課税標準となる国内源泉所得のうち(1)に該当するもの以外のもの（法人税法第138条第1項第2号から第6号までに掲げる国内源泉所得のうち(1)に該当するものを除外したもの）

3 外国法人の付加価値割の計算

外国法人の付加価値割は，その課税標準となる報酬給与額，純支払利子，純支払賃借料および単年度損益について，国内源泉所得を基礎として計算する。

4 外国法人の資本割の課税標準

資本割の課税標準となる資本金等の額は，その外国法人の資本金等の額の総額から国外の事業の規模等を勘案して計算した金額を控除して得た額とする（地法72の22②，地令20の2の25）。具体的な控除額は，資本金等の額に外国法人の総従業者数のうちに国外の事務所等（PE）における従業者数の占める割合を乗じて計算する。

【算式】

5 恒久的施設の範囲（地法72五，地令10）

恒久的施設（PE＝Permanent Establishment）とは，次に掲げるものをいう。ただし，日本国が締結した租税に関する二重課税の防止のための条約において次に掲げるものと異なる定めがあるときは，当該条約の適用を受ける外国法人については，当該条約において恒久的施設と定められたものとする。
(1) 外国法人の国内にある支店，工場その他事業を行う場所として次に掲げるもの

① 事業の管理を行う場所，支店，事務所，工場または作業場

② 鉱山，石油または天然ガスの坑井，採石場その他の天然資源を採取する場所

③ その他事業を行う一定の場所

(2) 外国法人の国内にある長期建設工事現場等（外国法人等が国内において長期建設工事等（建設もしくは据付けの工事またはこれらの指揮監督の役務の提供で1年を超えて行われるものをいう。）を行う場所をいい，外国法人等の国内における長期建設工事等を含む。）

(3) 外国法人または国内に主たる事務所もしくは事業所を有しない個人が国内に置く自己のために契約を締結する権限のある者その他これに準ずる者

第**2**章

外形標準課税に関する
令和6年度税制改正の内容

　本章では，外形標準課税に関する令和6年度税制改正についての
内容を確認する。

　制度創設以来，外形標準課税の納税義務判定は資本金基準のみで
あったが，本改正により，「前期対象法人の資本剰余金判定（減資
への対応）」と「親会社規模判定」の2つの基準が追加される。そ
れぞれの判定が設けられた改正の背景や判定方法の詳細について確
認する。

| Q2-1 | 外形標準課税に関する令和6年度税制改正の概要 |

外形標準課税に関する令和6年度税制改正の概要について教えてください。

POINT

☑ 従来の判定基準である事業年度末の資本金が1億円超の法人という基準を維持しつつ，新たに2つの基準が追加される。

☑ 事業年度末の資本金が1億円以下であっても，前事業年度において外形標準課税の対象であり，かつ，資本金と資本剰余金の合計額が10億円超の法人は，当分の間，外形標準課税の対象となる（令和7年4月1日以後開始事業年度から適用）。

☑ 事業年度末の資本金が1億円以下であっても，特定法人の100％子法人等であり，かつ，資本金と資本剰余金の合計額が2億円超の法人は外形標準課税の対象となる（令和8年4月1日以後開始事業年度から適用）。

A・解説

1 改正の背景

外形標準課税の対象法人は平成16年の導入時と比較すると約3分の2に減少している。減少の要因として「減資によるもの」が多く，特に資本金から資本剰余金へ項目振替を行う事例が多いという分析がされている。項目振替しただけの減資では株主資本の規模（企業実態）に影響はなく，実質的に大規模といえる法人が外形標準課税の対象外になることがあり，以前より問題視されていた。

この減資に関する問題に対処するために，前事業年度において外形標準課税の対象であり，かつ，資本金と資本剰余金の合計額が10億円超の法人は，事業年度末の資本金が1億円以下であっても，当分の間，外形標準課税の対象とな

る改正が行われた。この減資への対応についての改正は，令和7年（2025年）4月1日以後に開始する事業年度から適用される。

　また，企業経営のあり方が変容してきており，事業部門を持株会社化したり，分社化したりする事例が増加している。その過程で子会社等の資本金を1億円以下に設定すると企業活動の実態が変化しない一方で，外形標準課税の対象となる部分が大幅に縮小している事例が確認され，この点についても問題視されていた。

　この子会社等に関する問題に対処するために，特定法人(注)の100%子法人等であり，かつ，資本金と資本剰余金の合計額が2億円超の法人は，事業年度末の資本金が1億円以下であっても外形標準課税の対象となる改正が行われた。この100%子法人等への対応についての改正は，令和8年（2026年）4月1日以後に開始する事業年度から適用される。

(注)　特定法人とは外形標準課税の対象法人で，資本金と資本剰余金の合計額が50億円超であること等の要件を満たす法人をいう。詳細はQ2-5参照。

2 ┃ 改正の概要

　令和6年度税制改正により，外形標準課税の対象法人が拡大される。事業年度末の資本金が1億円超という従来の判定基準は維持しつつ，事業年度末の資本金が1億円以下の法人であっても外形標準課税の対象となるケースが追加される。具体的に追加される判定基準は，以下の「前期対象法人の資本剰余金判定（減資への対応）」と「親会社規模判定」の2つであり，それぞれに掲げる要件に該当する場合には外形標準課税の対象となる。

■期末資本金が1億円以下であっても外形標準課税の対象となるケース

新たな判定基準	外形標準課税の対象となる場合	適用時期
①前期対象法人の資本剰余金判定（減資への対応）	次のいずれも満たす場合 • 前期に外形標準課税の対象であること(注1) • 事業年度末の資本金と資本剰余金の合計額が10億円超であること	令和7年4月1日以後開始事業年度から適用

	次のいずれも満たす場合	
②親会社規模判定	• 特定法人（外形標準課税の対象法人かつ資本金と資本剰余金の合計額が50億円超であること等の要件を満たす法人(注2)）の100％子法人等であること • 事業年度末の資本金と資本剰余金の合計額が2億円超の法人であること(注3)	令和8年4月1日以後開始事業年度から適用

(注1)　適用初年度については，前期以外の事業年度で判定する措置がある。Q2-3参照。
(注2)　特定法人の範囲についてはQ2-5参照。
(注3)　資本剰余金の配当を行った場合における調整措置がある。Q2-10参照。

　なお，本改正においては，地方税法第72条の2（事業税の納税義務者等）第1項第1号ロにおいて規定されている「所得割額のみが課される法人」の範囲を縮小することで，同号イの「外形標準課税対象法人（付加価値割額，資本割額及び所得割額が課される法人）」の範囲を拡大している。

　同項第3号における電気供給業のうち電気事業法に規定する小売電気事業，発電事業および特定卸供給事業を行う法人については，その条文の文言についての改正は行われていないが，以下のとおり第1号ロの内容を引用して規定されているため，第1号と同様の改正内容となる。

■小売電気事業，発電事業および特定卸供給事業を行う法人の課税区分（地法72の2①三）

区分	法人の範囲	課税区分
イ	ロに掲げる法人以外の法人	収入割額・付加価値割額・資本割額
ロ	第1号ロに掲げる法人（注）	収入割額・所得割額

(注)　今回の改正で範囲が縮小された所得割額のみが課される法人

　また，同項第4号の特定ガス供給業については改正はなく，引き続き収入割額・付加価値割額・資本割額が課される。

第2章　外形標準課税に関する令和6年度税制改正の内容　**23**

Q2-2　設立以来資本金が1億円以下である法人への影響

　設立以来資本金が1億円以下であり，今後も資本金を増加させる予定のない法人については，令和6年度税制改正の影響は受けず，外形標準課税の適用はないと考えてよいでしょうか。

POINT ･･

☑　令和6年度税制改正による外形標準課税の対象範囲の見直しに関する改正のうち「親会社規模判定」については，設立以来資本金1億円以下である状況に変化がない場合でも新たに外形標準課税の対象となる可能性がある。

･･

A·解 説･･

　Q2-1に記載のとおり，令和6年度税制改正により，外形標準課税の対象法人が拡大するケースとして新たに2つの判定基準が設けられた。このうち減資への対応として導入された資本剰余金判定による場合は，「前事業年度において外形標準課税の対象であること」との要件があるため，設立から資本金1億円以下の状況が継続しているときには，本判定により新たに外形標準課税の対象となることはない。

　これに対して，親会社規模判定による場合には，資本金1億円以下の状況が継続しているときであっても判定要件を満たす可能性がある。払込資本が増加する増資や組織再編成等の行為を自発的に行わなくても，新たに対象となる可能性があるため，判定もれのないように留意する必要がある。

【親会社規模判定の要件】

> ①　特定法人（外形標準課税の対象かつ資本金と資本剰余金の合計額が50億円超の法人）の100％子法人等であること
> ②　事業年度末の資本金と資本剰余金の合計額が2億円超であること

なお，自社の発行する株式が特定法人やその子法人に取得され，親会社規模判定により外形標準課税の対象となった後，再度他の者に株式が取得され，親会社規模判定による判定から外れるケースも考えられる。この場合，再度株主が変わった初年度は，「前事業年度において外形標準課税の対象であること」の要件を満たすことになるため，親会社規模判定は満たさなくても，資本剰余金判定（資本金と資本剰余金の合計額が10億円超であること）により外形標準課税の対象となることも考えられる。

今後の外形標準課税の適用判定においては，自社の資本金と資本剰余金の額のみならず，過去の適用状況や親会社の状況も考慮することになるため，資本取引や株主の変更が生じる場合には，留意する必要がある。

第2章　外形標準課税に関する令和6年度税制改正の内容　**25**

| **Q2-3** | **前期対象法人の資本剰余金判定（減資への対応）** |

　令和6年度税制改正のうち減資による適用回避への対応として設けられた新たな判定基準に関する内容を教えてください。

POINT ··

☑　事業年度末の資本金が1億円以下であっても，前事業年度において外形標準課税の対象であり，かつ，事業年度末の資本金と資本剰余金の合計額が10億円超の法人は外形標準課税の対象となる。

☑　本改正は，令和7年4月1日以後開始事業年度から適用される。

☑　適用初年度については，「前事業年度」とは異なる事業年度による判定を行う取扱いがあり，判定対象の事業年度は改正法の公布日の前日を基準として決定される。

··

A·解 説 ··

1 ┃ 改正の内容

　令和6年度税制改正後においても，従来の判定基準である事業年度末の資本金が1億円超の法人を外形標準課税の対象とするという基準は維持される。これに加え，減資による適用回避への対応として，事業年度末の資本金が1億円以下であっても，前事業年度において外形標準課税の対象であり，かつ，事業年度末の資本金と資本剰余金の合計額が10億円超の法人を外形標準課税の対象とする判定基準が設けられる（7年新法附則8の3の3）。したがって，前事業年度において外形標準課税の対象であり，かつ，資本金と資本剰余金の合計額が10億円を超えている場合には，その後，無償減資により資本金を資本剰余金とし，資本金を1億円以下にしたとしても，資本金と資本剰余金の合計額は10億円超のまま変わらないため，引き続き外形標準課税の対象となる。

■改正後に減資をした場合の外形標準課税の適用判定（適用初年度を除く。）

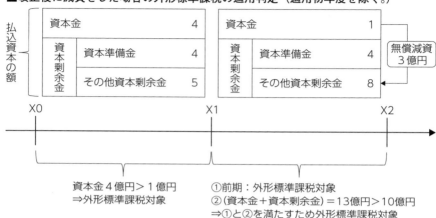

　なお，前期において外形標準課税の対象外である場合には，事業年度の中途において増資し一時的に資本金が1億円超になったとしても，その事業年度末時点までに資本金を1億円以下にしていれば，引き続き外形標準課税の対象外となる。

　本改正は，令和7年4月1日以後開始事業年度から適用される。

2　適用初年度の特例

(1)　概　　要

　「前期対象法人の資本剰余金判定」は，令和7年4月1日以後開始事業年度から適用されるが，その適用初年度に限り，「前事業年度において外形標準課税の対象であること」とする判定が「本改正法の公布日を含む事業年度の前事業年度から適用初年度の前事業年度までのいずれかの事業年度において外形標準課税の対象であること」との判定になる（本改正法の公布日とは，改正法が官報に記載された日であり，令和6年3月30日である。）。

　ただし，以下の法人については，適用初年度の特例判定の対象外とされており，原則である前事業年度判定となる（改正法附則7②）。

第2章　外形標準課税に関する令和6年度税制改正の内容　**27**

【適用初年度の特例判定の対象から除外される法人】

①　公布日を含む事業年度の前事業年度において外形標準課税の対象であること

②　公布日の前日において資本金が1億円以下であること

③　公布日から適用初年度開始の日の前日までの間に終了した各事業年度において外形標準課税の対象とならない法人であること

　上記③の内容を判定対象となる事業年度と考えた場合，適用初年度については，以下の法人の区分に応じて，それぞれに記載する事業年度（判定対象事業年度）による判定となる。判定対象事業年度は複数あり，いずれかの事業年度において外形標準課税の対象となる事業年度があれば資本剰余金判定が必要となる（いずれの事業年度においても外形標準課税の対象でない場合には，資本剰余金判定は行わない。）。

■適用初年度の判定対象事業年度

法人の区分	判定対象事業年度
下記以外の法人	「公布日を含む事業年度の前事業年度」から「適用初年度の前事業年度」までの各事業年度
「公布日を含む事業年度の前事業年度において外形標準課税の対象」かつ「公布日の前日において資本金1億円以下」である法人	「公布日を含む事業年度」から「適用初年度の前事業年度」までの各事業年度

※　公布日＝令和6年3月30日

　上記の判定内容を基に，資本金1億円超の外形標準課税対象法人が資本金1億円以下に減資を行い，その後資本金の増加がない場合の適用初年度の取扱いは，その減資のタイミングに応じて以下のとおりとなる。

■外形標準課税対象法人が資本金1億円以下に減資を行った場合

減資のタイミング	適用初年度の適用判定
公布日の前日（令和6年3月29日）までに減資を行った場合	外形標準課税の対象外

| 公布日（令和6年3月30日）以後に減資を行った場合 | 資本金と資本剰余金の合計額が10億円超の場合には外形標準課税の対象 |

（注）減資後、資本金の増加がないことを前提とする。

　上記表のとおり改正法の公布日以後に無償減資を行った場合においても、公布日を含む事業年度の前事業年度に外形標準課税の対象法人であった法人は、資本金と資本剰余金の合計額が10億円超の要件を満たすと、適用初年度も外形標準課税の対象となる。結果としてその後の事業年度においても「前事業年度において外形標準課税の対象である」という要件を満たすことになるため、資本金と資本剰余金の合計額が10億円超であることの要件を満たす限り、改正後は外形標準課税の適用が継続することになる。

　この適用初年度の特例は、改正法の施行が1年遅れになることから、施行日前の駆け込みによる減資を防止するため、改正法の公布日以後の減資については適用逃れとならないように考慮したものと考えられる。以下、設例で確認をする。

(2) 設　例
① 前提条件

　資本金1億円超、かつ、資本金と資本剰余金の合計が10億円超の法人（9月決算）が資本金1億円以下に無償減資（資本金を資本剰余金に変更）をした。

② 公布日以後のR6.6月に資本金を1億円以下に減資した場合

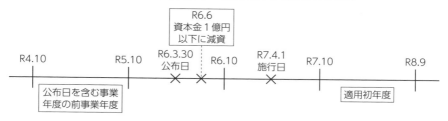

第2章　外形標準課税に関する令和6年度税制改正の内容　29

事業年度の区分	R5.9月期 (公布日を含む事業年度の前事業年度)	R6.9月期	R7.9月期	R8.9月期 (適用初年度)
資本金1億円超	該当	非該当 (R6.6月に減資)	非該当	非該当
資本金＋資本剰余金10億円超	該当	該当	該当	該当
外形標準課税の適用判定	<u>対象</u>	対象外	対象外	<u>対象※</u>

※　公布日を含む事業年度の前事業年度（R5.9月期）から適用初年度の前事業年度までの適用状況で判定するため，要件を満たし外形標準課税の対象法人となる。

③　公布日前のR5.12月に資本金を1億円以下に減資した場合

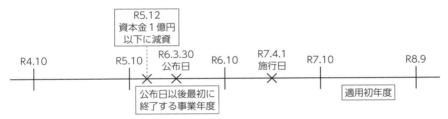

事業年度の区分	R5.9月期	R6.9月期 (公布日を含む事業年度)	R7.9月期	R8.9月期 (適用初年度)
資本金1億円超	該当	非該当 (R5.12月に減資)	非該当	非該当
資本金＋資本剰余金10億円超	該当	該当	該当	該当
外形標準課税の適用判定	対象	<u>対象外</u>	対象外	<u>対象外※</u>

※　公布日を含む事業年度（R6.9月期）から適用初年度の前事業年度までの適用状況で判定するため，要件を満たさず外形標準課税の対象法人とならない。

30

Q2-4 「親会社規模判定」の概要

令和6年度税制改正のうち「親会社規模判定」に関する制度の概要を教えてください。

POINT ....

☑ 事業年度末の資本金が1億円以下であっても，特定法人（外形標準課税の対象法人であり，かつ，資本金と資本剰余金の合計額が50億円超である等の要件を満たす法人）の100％子法人等であり，かつ，資本金と資本剰余金の合計額が2億円超の法人は外形標準課税の対象となる。

☑ 100％子法人等の資本金と資本剰余金の合計額が2億円超かどうかの判定においては，改正法の公布日以後に当該100％子法人等が行った資本剰余金を原資とした配当に相当する額を加算する。

☑ 本改正は，令和8年4月1日以後開始事業年度から適用される。

....

A・解 説...

1 改正の概要

大企業の100％子法人や外形標準課税逃れを企図した組織再編等への対応として，外形標準課税の対象となる法人の範囲が拡大される。具体的には，事業年度末の資本金が1億円以下であっても，次の①と②のいずれの要件も満たす法人については，新たに外形標準課税の対象とされる（8年新法72の2）。本改正は，令和8年4月1日以後開始事業年度から適用される（改正法附則8）。

① 特定法人（外形標準課税の対象法人であり，かつ，事業年度末の資本金と資本剰余金の合計額が50億円超である等の要件を満たす法人）の100％子法人等であること

② 事業年度末の資本金と資本剰余金の合計額が2億円超であること

2 ┃ 適用回避の防止措置と負担緩和措置

　100％子法人等が資本剰余金を原資として親会社に配当を行うことで，資本剰余金の額を減少させることができるため，**1**②の要件（事業年度末の資本金と資本剰余金の合計額判定）を比較的容易に回避できてしまう。そこで，改正法の公布日（令和6年3月30日）以後に，当該子法人等が資本剰余金を原資とした配当を行っている場合は，その配当に相当する金額を事業年度末の資本金と資本剰余金の合計額に加算して，2億円を超えるかどうかの判定をする措置が導入される。Q 2-10参照。

　一方で，本改正に伴う急激な税負担増加とならないように，本改正により新たに外形標準課税の対象となる法人について，改正後における税額が，従来の課税方式により計算した税額を超える場合における負担緩和措置も導入される。Q 2-11参照。

Q2-5 特定法人の定義

特定法人の定義について教えてください。

POINT ··

☑ 特定法人とは，資本金と資本剰余金の合計額が50億円を超える法人のうち
外形標準課税の対象となる法人および保険業法に規定する相互会社ならび
に外国相互会社をいう。

☑ 国内に恒久的施設を有さず事業税の納税義務のない外国法人についても，
国内で事業税を課すとしたならば外形標準課税の対象となる法人（資本金
1億円超）であり，かつ，資本金と資本剰余金の合計額が50億円を超える
場合には，特定法人に該当する。

··

A·解 説 ··

1 特定法人の定義（8年新法72の2①一ロ(1)，8年新令10の3）

特定法人とは，以下の①または②に掲げる法人をいう。

---

① 資本金と資本剰余金の合計額が50億円を超える法人（所得割額のみが
課される法人を除く。）

② 保険業法に規定する相互会社および外国相互会社

---

①については，資本金と資本剰余金の合計額が50億円を超える法人から所得
割額のみが課される法人を除外したものが特定法人とされる。②については規
模にかかわらず保険業法に規定する相互会社および外国相互会社に該当するも
のが特定法人とされる。

第2章　外形標準課税に関する令和6年度税制改正の内容　**33**

2 │ 資本金と資本剰余金の合計額が50億円を超える法人のうち特定法人に該当しない法人

　改正後の地方税法第72条の2第1項第1号ロ(1)の文中において，資本金と資本剰余金の合計額が50億円を超える法人からは，「ロに掲げる法人を除く」と規定されている。地方税法第72条の2第1項第1号ロという同一の条文内において，当該ロに掲げる法人を除くという規定には違和感があるが，これについてはロの柱書きにおいて列挙されている所得割額のみが課税される法人（外形標準課税の対象とならない法人）を除外しているものと解される。この場合に，除外される法人は以下の①と②に掲げる法人となる。

① 所得等課税法人として以下に掲げる法人

区　　分	具体例・留意点等
地方税法第72条の4第1項各号に掲げる法人 （事業税の非課税法人）	国，地方公共団体等の公共法人
地方税法第72条の5第1項各号に掲げる法人 （収益事業に対してのみ事業税が課される法人）	公益法人等
地方税法第72条の24の7第7項各号に掲げる法人 （特別法人として事業税の税率が軽減される法人）	協同組合，医療法人など
第72条の2第4項に規定する人格のない社団等 （収益事業または法人課税信託の引受けを行う人格のない社団等）	
第72条の2第5項に規定するみなし課税法人 （法人課税信託の引受けを行う個人で法人とみなされるもの）	
投資信託及び投資法人に関する法律第2条第12項に規定する投資法人	
資産の流動化に関する法律第2条第3項に規定する特定目的会社	
一般社団法人（非営利型法人に該当するものを除く。）	非営利型法人は上記公益法人等に含まれる

一般財団法人（非営利型法人に該当するものを除く。）	非営利型法人は上記公益法人等に含まれる

② 所得等課税法人以外の法人のうち次に掲げるもの

資本金の額もしくは出資金の額が1億円以下のもの（当分の間，前事業年度において外形標準課税の対象であり，かつ，資本金と資本剰余金の合計額が10億円を超える法人は除かれる。）
資本または出資を有しないもの

　以上のとおり，特定法人からは資本金と資本剰余金の合計額が50億円を超える法人のうち「所得割のみが課される法人」が除外される。言い換えると，資本金と資本剰余金の合計額が50億円を超える法人のうち「外形標準課税の対象となる法人」が特定法人となる。

　なお，特定法人の対象となるかどうかの判定にあたり，実際に付加価値割や資本割が課税されていることは要件とされていない。したがって，国内に恒久的施設（PE）を有さず事業税の納税義務のない外国法人についても，資本金が1億円を超え，かつ，資本金と資本剰余金の合計額が50億円を超える場合には，特定法人に該当することになる。Q2-7参照。

3 特定法人の判定時期

　親法人が特定法人に該当するかどうかの判定は，その子法人において判定を行う事業年度終了の日以前に最後に終了した親法人の事業年度終了の日（当該日がない場合には，親法人の設立の日）の現況により行う（8年新法72の2②二）。

■具体例（親法人の決算期12月，子法人の決算期3月の場合）

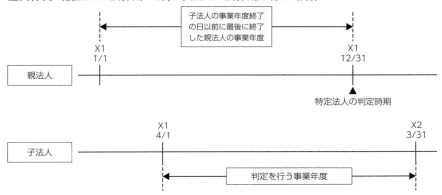

　上記具体例の場合，子法人のX2年3月期における事業税の計算上，親法人が特定法人に該当するかどうかの判定は，X2年3月期終了の日以前に最後に終了した親法人の事業年度であるX1年12月期の末日の現況により行う。

　なお，「子法人の事業年度終了の日以前に最後に終了した親法人の事業年度終了の日」における判定のため，決算日が同じ場合には，子法人の事業年度終了の日が親法人における特定法人の判定時期となる。

Q2-6 特定法人の定義（資本金1億円以下の場合）

資本金と資本剰余金の合計額が50億円超，かつ，資本金の額が1億円以下である法人の100％子法人等について，令和6年度税制改正による事業税の計算への影響を教えてください。

POINT ....

☑ 資本金と資本剰余金の合計額が50億円超の場合においても，外形標準課税の対象とならない法人については，特定法人に該当しない。

☑ 資本金の額が1億円以下の場合においても，外形標準課税の対象であり，かつ，資本金と資本剰余金の合計額が50億円超である法人については，特定法人に該当する。

....

A・解説 ....

特定法人とは，資本金および資本剰余金の合計額が50億円超であり，かつ，外形標準課税の対象となる法人が該当する。したがって，資本金1億円以下であることにより外形標準課税の対象とならない法人については，資本金および資本剰余金の合計額が50億円超であっても，特定法人とならない。

なお，令和6年度税制改正により外形標準課税の対象法人が拡大し，資本金が1億円以下の場合であっても外形標準課税の対象となるケースが生じることとなった。特定法人は，資本金判定ではなく，外形標準課税の対象法人であるかどうかで判定をするため，例えば，以下のようなケースは特定法人に該当することになる。

（例）
- 当期末の資本金1億円（前期末の資本金は10億円であり，当期中において9億円を無償減資し，資本剰余金に振り替えている。）

- 当期末の資本剰余金80億円
- 前期は外形標準課税の対象法人である。

　この場合，令和6年度税制改正の内容である，前期に外形標準課税の対象であり，かつ，事業年度末の資本金および資本剰余金の合計額が10億円超であることの要件を満たすため，当期も外形標準課税の対象となる。また，事業年度末の資本金および資本剰余金の合計額が50億円超であることの要件も満たすため，特定法人にも該当することになる。

　したがって，当社の子法人の資本金が1億円以下である場合においても，資本金と資本剰余金の合計額が2億円を超える場合には，外形標準課税の対象となる。

Q2-7　特定法人の定義（外国法人の場合）

　外国法人の100％子法人等について，令和6年度税制改正による事業税の計算への影響を教えてください。

POINT ··

☑　特定法人の範囲からは外国法人が除外されていないため，いわゆる外資系企業についても，令和6年度税制改正の影響を受ける可能性がある。

☑　国内に恒久的施設を有さず事業税の納税義務のない外国法人についても，資本金が1億円を超え，かつ，資本金と資本剰余金の合計額が50億円を超える場合には，特定法人に該当する。

☑　外国法人の資本金および資本剰余金の額は事業年度末の電信売買相場の仲値により換算した円換算額による。

··

A·解 説 ··

1 ┃ 親法人が外国法人である場合の特定法人の判定

　特定法人とは，資本金と資本剰余金の合計額が50億円を超える法人とされるが，所得割額のみが課される法人として地方税法第72条の2第1項第1号ロに掲げる法人は除外されている。言い換えると，資本金と資本剰余金の合計額が50億円超の法人のうち外形標準課税の対象となる法人が特定法人とされる。ただし，特定法人に該当するかどうかの判定において，実際に事業税が課されているかどうかは問われていないため，日本国内に恒久的施設がなく，日本の事業税が課されていない外国法人についても，特定法人に該当する可能性がある。

　具体的には，日本国内に恒久的施設がない外国法人（日本の事業税が課されない外国法人）のうち，資本金と資本剰余金の合計額が50億円を超え，かつ，資本金が1億円を超える法人（事業税を課すとした場合に外形標準課税の対象

となる法人）については，特定法人に該当することになる。

　したがって，外国法人の100％子法人等（いわゆる外資系企業）について，その外国親法人が特定法人に該当する場合には，特定法人の100％子法人等として外形標準課税の判定を行う必要がある（事業年度末の資本金が１億円以下であっても，資本金と資本剰余金の合計額が２億円を超える場合には，外形標準課税の対象となる。）。

2 ┃ 外国法人における資本剰余金の範囲

　親法人が特定法人に該当するかどうかの判定にあたっては資本剰余金が判定要素に含まれているが，その定義は日本の法令に基づくものであるため，その範囲を特定する必要がある。これについては，当該外国法人の本店または主たる事務所もしくは事業所（以下「本店等」という。）の所在する国の法令を勘案して判断することとされている（８年通知（県）３章１の2(3)）。

3 ┃ 外国法人における特定法人の判定時期

　親法人が特定法人に該当するかどうかの判定は納税義務者である子法人の事業年度終了の日以前の最後に終了した親法人の事業年度終了の日（当該日がない場合には，親法人の設立の日）の現況により判定することとされているが，親法人が日本に恒久的施設を有しない外国法人の場合には，当該外国法人の本店等の所在する国の法令や定款等に定める事業年度その他これに準ずる期間を当該外国法人の事業年度とみなして判定することとなる（８年新法72の2②二，８年通知（県）３章１の2(5)，(6)）。

4 ┃ 資本金および資本剰余金の円換算

　外国法人の資本金の額または資本剰余金の額の円換算は特定法人に該当するかどうかの判定日における対顧客直物電信売相場と対顧客直物電信買相場の仲値による（８年通知（県）３章１の2(2)）。

40

Q2-8 特定法人の定義（相互会社の場合）

相互会社の100％子法人について，令和6年度税制改正による事業税の計算への影響を教えてください。

POINT

☑ 相互会社は会社規模にかかわらず特定法人に該当する。したがって，相互会社の100％子法人は，資本金が1億円以下であっても，資本金と資本剰余金の合計額が2億円を超える場合には，外形標準課税の対象となる。

A・解 説

1 相互会社とは

相互会社とは，保険業を行うことを目的として，保険業法に基づき設立された保険契約者をその社員とする社団をいう。相互会社においては株主が存在しないため資本金の概念はなく，外部の投資家等から「基金」の拠出を受けることで自己資本の充実を図っている。

2 相互会社の子法人における外形標準課税の適用判定

相互会社については，株式会社などの法人と異なり，会社規模判定（資本金および資本剰余金の合計額が50億円超であること）や事業税の課税区分判定（外形標準課税の対象法人であること）を行うことなく，特定法人に該当する。したがって，相互会社の100％子法人等については，資本金1億円以下であっても，資本金と資本剰余金の合計額が2億円を超える場合には，外形標準課税の対象となる。

また，保険業法第2条第10項に定める外国相互会社（外国の法令に準拠して設立された相互会社と同種の外国の法人またはこれに類似する外国の法人）に

ついても特定法人とされるため，その100％子法人等についても同様の取扱い
となる（8年新令10の3）。

Q2-9 特定法人の100％子法人等の範囲

特定法人の100％子法人等の範囲について教えてください。

POINT ・・・

☑ 外形標準課税の対象となる特定法人の100％子法人等とは，次の法人のうち事業年度末における資本金および資本剰余金の合計額が２億円を超えるものをいう。

　① 特定法人との間に当該特定法人による法人税法に規定する完全支配関係がある法人

　② 完全支配関係のあるグループ内に複数の特定法人がある場合において，すべての特定法人が保有する株式の全部を当該特定法人のうちいずれか一の法人が保有するものとみなした場合に，当該一の特定法人による完全支配関係があることとなる法人（①の法人を除く。）

・・・

A・解 説 ・・・

1 ┃ 特定法人の100％子法人等の範囲

　令和６年度税制改正により新たに外形標準課税の対象となる特定法人の100％子法人等とは，次の①または②に該当する法人のうち，事業年度末における資本金および資本剰余金の合計額が２億円を超えるものをいう（８年新法72の２①一ロ）。

　① 特定法人との間に当該特定法人による完全支配関係（法人税法第２条第12号の７の６に規定する完全支配関係をいう。）がある法人

　② 法人との間に完全支配関係があるすべての特定法人が有する株式の全部を当該すべての特定法人のうちいずれか一のものが有するものとみな

第2章　外形標準課税に関する令和6年度税制改正の内容　**43**

> した場合において当該いずれか一のものと当該法人との間に当該いずれ
> か一のものによる完全支配関係があることとなるときの当該法人

また，この場合における，法人税法第2条第12号の7の6に規定する完全支配関係とは次の関係をいう。

---

① 一の者が法人の発行済株式等の全部を直接もしくは間接に保有する関係として次に掲げる関係（以下「当事者間の完全支配の関係」という。）
- 一の者（注1）が法人の発行済株式等（注2）の全部を保有する場合における当該一の者と当該法人との間の関係（以下「直接完全支配関係」という。）
- 当該一の者およびこれとの間に直接完全支配関係がある一もしくは二以上の法人が他の法人の発行済株式等の全部を保有するときは，当該一の者は当該他の法人の発行済株式等の全部を保有するものとみなす。
- 当該一の者との間に直接完全支配関係がある一もしくは二以上の法人が他の法人の発行済株式等の全部を保有するときは，当該一の者は当該他の法人の発行済株式等の全部を保有するものとみなす。
（注1）　その者が個人である場合には，その者及びこれと特殊の関係のある個人を含む。
（注2）　発行済株式（自己が有する自己の株式を除く。）の総数のうちに次に掲げる株式の数を合計した数の占める割合が5％に満たない場合の当該株式を除く。
- 使用人が組合員である組合契約による持株会が所有する株式
- 法人の役員または使用人に付与された新株予約権の行使によって取得された当該法人の株式

② 一の者との間に当事者間の完全支配の関係がある法人相互の関係

上記のとおり，完全支配関係とは，基本的には100％資本関係にあるグループ法人間の関係性のことをいう。

なお，100％子法人等の範囲においては「特定法人による完全支配関係」と

の表現があるため,「法人による完全支配関係」の読み方についても確認する必要がある。「法人による完全支配関係」とは,当該法人が株式を直接または間接に保有することによる縦の関係(親会社と子会社・孫会社等の関係)における完全支配関係のことをいう。

例えば,一の者である個人によりそれぞれ100％保有される法人同士の関係(兄弟会社関係)がある場合における当該兄弟会社間の関係は,「法人による完全支配関係」には該当しない。したがって,一方の法人が特定法人であっても,もう一方の法人との間に「特定法人による完全支配関係」は生じない。

また,100％親子会社関係は「完全支配関係」であるが,「法人による完全支配関係」とは上から下への関係を指すため,子法人が特定法人であったとしても,親法人においては「特定法人による完全支配関係」は生じない。

以下,具体例により特定法人による完全支配関係について確認する。

2 | 特定法人による完全支配関係の例

■ (例1) 一の特定法人による完全支配関係がある場合

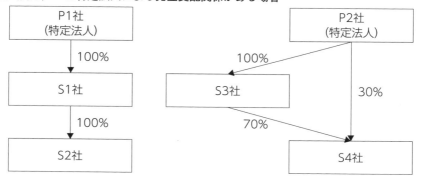

(例1)において,P1社はS1社を直接100％保有するため,S1社はP1社による完全支配関係がある。また,完全支配関係の定義において,S1社が保有するS2社の株式はP1社が保有するものとみなされるため,S2社もP1社による完全支配関係がある。同様にP2社はS3社を直接100％保有するため,S3社はP2社による完全支配関係があり,また,S3社が保有するS4社の株式はP2社が保有

第2章 外形標準課税に関する令和6年度税制改正の内容 45

するものとみなされるため，S4社もP2社による完全支配関係がある。
　したがって，S1社，S2社，S3社，S4社については，いずれも特定法人による完全支配関係がある法人に該当するため，事業年度末の資本金が1億円以下の場合であっても，事業年度末の資本金および資本剰余金の合計額が2億円を超える場合には，外形標準課税の対象となる。

■ （例2）複数の特定法人による完全支配関係がある場合

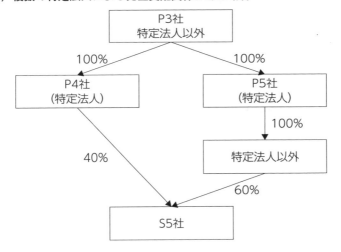

　（例2）において，S5社は最上位の親会社であるP3社による完全支配関係がある。ただし，P3社は特定法人に該当しないため，S5社において一の特定法人による完全支配関係はない。
　しかしながら，S5社は完全支配関係のある法人グループ内において複数の特定法人による支配がある。この場合，完全支配関係があるすべての特定法人（P4社およびP5社）が有する株式の全部を当該すべての特定法人のうちいずれか一のもの（P4社またはP5社）が有するものとみなした場合において，当該いずれか一のもの（P4社またはP5社）と当該法人（S5社）との間に当該いずれか一のもの（P4社またはP5社）による完全支配関係があることとなるときは，外形標準課税の適用判定上，特定法人による完全支配関係があることとされる。

(例2)において,すべての特定法人が有する株式の全部をP4社が有するものとみなした場合には以下の図のとおりとなり,S5社はP4社(特定法人)による完全支配関係があることとなる(すべての特定法人が有する株式の全部をP5社が有するものとみなした場合においても,同様の結果となる。)。したがって,S5社の事業年度末の資本金が1億円以下の場合であっても,事業年度末の資本金および資本剰余金の合計額が2億円を超える場合には,外形標準課税の対象となる。

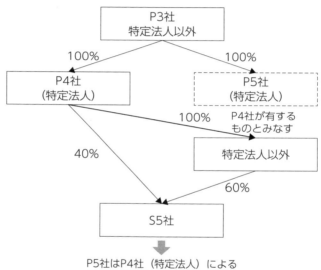

■ (例3) 発行済株式の全部を複数の特定法人が保有しているが完全支配関係がない場合

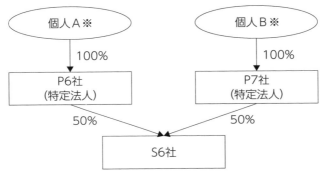

※個人Aと個人Bは親族関係その他特殊な関係はない

（例3）において，S6社は複数の特定法人（P6社およびP7社）に発行済株式の全部を保有されている。ただし，それぞれの特定法人の株主である個人Aおよび個人Bには親族関係等の関係性がないため，P6社およびP7社ならびにS6社との間には，完全支配関係がない。したがって，S6社には特定法人による完全支配関係がないため，事業年度末の資本金および資本剰余金の合計額が2億円を超える場合であっても，資本金1億円以下の場合には外形標準課税の対象とならない。

■ (例4) 完全支配関係のあるグループ内において，特定法人による完全支配関係がない場合

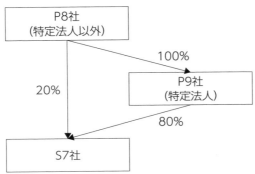

（例４）において，P8社，P9社およびS7社の間には完全支配関係がある。ただし，P8社は特定法人に該当せず，また，特定法人であるP9社はS7社の発行済株式の80％しか保有していないため，P9社とS7社の関係は「特定法人による完全支配関係」には該当しない。したがって，S7社には特定法人による完全支配関係がないため，事業年度末の資本金および資本剰余金の合計額が2億円を超える場合であっても，資本金1億円以下の場合には外形標準課税の対象とならない。

第 2 章　外形標準課税に関する令和 6 年度税制改正の内容　**49**

Q2-10 特定法人の100％子法人等における資本剰余金を原資とする配当額の加算措置

特定法人の100％子法人等が資本剰余金を原資とする配当を行った場合の外形標準課税の適用判定について教えてください。

POINT ···

☑ 特定法人の100％子法人等における資本金と資本剰余金の合計額の 2 億円超判定は，過去に資本剰余金を原資として行った配当がある場合には，当該配当額を資本金と資本剰余金の合計額に加算して行う。

☑ 加算対象となるのは，改正法の公布日である令和 6 年 3 月30日以後に行われた配当である。また，特定法人と当該特定法人の100％子法人等との間に完全支配関係がある場合において行われた配当に限られるため，当該完全支配関係が生じる前に行われた配当や，特定法人に該当する法人がいない時期において行われた配当については加算しない。

···

A・解 説 ···

1 ▎加算措置の概要

令和 6 年度税制改正により，特定法人の100％子法人等に該当し，かつ，事業年度末の資本金と資本剰余金の合計額が 2 億円を超える場合には，外形標準課税の対象となることになった。当該措置は，令和 8 年 4 月 1 日以後開始事業年度から適用される。

本制度については，判定の基準が資本金と資本剰余金の合計額であることから，適用回避のために資本剰余金を原資とする配当を行うことで，比較的容易に基準を下回ることができてしまう(注)。そこで，不適切な適用回避が行われないように，判定にあたっては，資本金と資本剰余金の合計額に，過去に行われた資本剰余金を原資とした配当額を加算することとされた。

（注） その他資本剰余金を原資とする配当は，利益剰余金の配当と同様に株主総会の決議のみで行うことができる（資本金または資本準備金は直接配当できないため，その他資本剰余金に振り替えるための減少手続を要する。この場合，債権者保護手続が必要となる。）。配当は資金流出を伴うものの，本制度は，子法人において特定法人による完全支配関係があることが前提のため，資金はグループ内に留保される。また，子法人が行う配当については，相手方において全額益金不算入となり，源泉徴収も不要とされるため，課税が生じない。

2 ┃ 加算対象となる配当額

　加算の対象となる配当額は，改正法の公布日である令和6年3月30日以後に行われた資本剰余金を原資とした配当とされる。また，特定法人と当該特定法人の100％子法人等との間に完全支配関係がある場合において行われた配当に限られるため，当該特定法人グループに100％子法人化される前に行われた配当がある場合には，当該配当については加算しない。仮に，ある特定法人グループの100％支配下にあった期間中において行った配当について加算措置を適用していた場合においても，その後，異なる特定法人グループに100％支配された場合には，当該配当に係る加算措置は行わない。

3 ┃ 特定法人に対する配当に該当するかどうかの判定時期

　資本剰余金を原資とする配当の加算措置において加算の対象となる配当額は，特定法人とその特定法人の100％子法人等との間に特定法人(注)による完全支配関係がある場合において行われた配当とされる。

　配当等の日に当該100％子法人等との間に完全支配関係のある他の法人が特定法人に該当するかどうかの判定は，配当等の日以前最後に終了した当該他の法人の事業年度終了の日の現況により行う（8年通知（県）3章1の2(7)イ）。図に表すと以下のとおりである。

第2章　外形標準課税に関する令和6年度税制改正の内容　51

■例：配当加算措置における特定法人の判定時期（12月決算法人の場合）

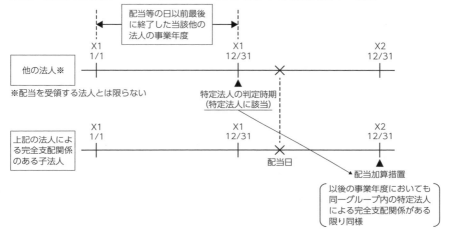

　なお，上記例における子法人の配当に係る特定法人の判定時点（X1.12/31）において他の法人が特定法人に該当しない場合（資本金と資本剰余金の合計が50億円以下であるなどの場合）には，その後，当該他の法人が特定法人に該当することとなった場合においても，当該配当額は加算措置の対象にならない。

（注）　配当時点の「特定法人による完全支配関係」における「特定法人」とは，その加算措置の対象となる100％子法人等が除外されるとともに，加算措置を行う時点におけるその100％子法人等の特定法人とされる法人に限定されていない（8年新法72の2の2①一ロ(1)）。したがって，「加算措置を行う時点で特定法人とされる法人」と「その100％子法人等」との間に，配当時点において「他の法人」による完全支配関係があり，かつ，「当該他の法人」が特定法人に該当する場合には，当該配当は加算措置の対象になるものと考えられる。

4　他の規定との関係

　資本剰余金を原資とする配当を行った場合には，法人税法上，いわゆるみなし配当事由に該当し，以下の算式により計算した金額について，税務上の資本金等の額の減少を認識する。配当額が当該減少額を超える場合には，利益積立金額の減少となる。ただし，外形標準課税の納税義務判定は，あくまでも会計

上の資本剰余金の額で行うため，加算する金額も配当により減少した資本剰余金の額となる。地方税の計算においては，税務上の資本金等の額を基礎として計算や判定を行う規定があるため，混同しないように留意する必要がある。

【算式】資本剰余金を原資とする配当を行った場合の資本金等の額の減少額

$$配当直前の資本金等の額 \times \frac{配当により減少した資本剰余金の額}{前事業年度終了時における税務上の簿価純資産価額} \quad [払戻割合]$$

(注) 上記算式の留意点等は以下のとおりである。

- 配当直前の資本金等の額が零以下の場合には，算式中の払戻割合は零とする（資本金等の額の減少額も零となる。）。
- 配当直前の資本金等の額が零を超え，かつ，算式中の払戻割合の分母が零以下の場合には，当該払戻割合は1とする（資本金等の額の全額が減少する。）。
- 払戻割合は小数点以下3位未満を切り上げる。
- 本算式により計算した金額が配当により減少した資本剰余金の額を超えるときは，資本金等の額の減少額は当該減少した資本剰余金の額を上限とする。
- 払戻割合の分子の金額は，分母の額を限度とする（割合は1が上限となる。）。
- 前事業年度終了後に仮決算による中間申告をしている場合には，払戻割合の分母の額はその中間申告計算期間終了時の簿価純資産価額とする。
- 前事業年度（または仮決算による中間申告計算期間）の終了後に，資本金等の額または利益積立金額が増減した場合（通常の所得計算による増減を除く。）には，払戻割合の分母の額に当該増減額を加減算する。

第2章　外形標準課税に関する令和6年度税制改正の内容　53

Q2-11 親会社規模判定により新たに外形標準課税の対象となる法人の負担緩和措置

親会社規模判定の改正により新たに外形標準課税の対象となる法人の負担緩和措置について教えてください。

POINT ∙∙

☑　特定法人の100％子法人等に該当し新たに外形標準課税の対象となる法人は，2年間の負担緩和措置が講じられる。

∙∙∙

A·解説∙∙

1 ┃ 改正の概要

特定法人の100％子法人等に該当し，新たに外形標準課税の対象となる法人は，この制度導入後2年間は負担緩和措置が講じられる。控除される税額は以下のとおりである（改正法附則8②）。

- 令和8年（2026年）4月1日〜令和9年（2027年）3月31日に開始する事業年度…従来の課税方式で計算した税額を超える額の3分の2相当額
- 令和9年（2027年）4月1日〜令和10年（2028年）3月31日に開始する事業年度…従来の課税方式で計算した税額を超える額の3分の1相当額

2 ┃ 設　例

(1)　前提条件

①　3月決算法人

②　R9.3月期およびR10.3月期のいずれも以下の金額および税率により計算する。

- 所得割の課税標準の額：10,000,000円

- 付加価値割の課税標準の額：20,000,000円
- 資本割の課税標準の額：300,000,000円
- 税率：付加価値割1.2％，資本割0.5％，所得割1.0％
    所得割のみ課される場合の税率：所得割7.0％

(2)　R9.3月期の計算

①　外形標準課税対象法人としての事業税

所得割	10,000,000円×1.0％
付加価値割	20,000,000円×1.2％
資本割	300,000,000円×0.5％
合計額	1,840,000円

②　従来の課税方式で計算した事業税

10,000,000円×7.0％＝700,000円

③　負担緩和措置適用後の事業税

（イ）　控除額　　（①－②）×$\frac{2}{3}$＝760,000円

（ロ）　事業税額　①－（イ）＝1,080,000円

(3)　R10.3月期の計算

①　外形標準課税対象法人としての事業税

所得割	10,000,000円×1.0％
付加価値割	20,000,000円×1.2％
資本割	300,000,000円×0.5％
合計額	1,840,000円

②　従来の課税方式で計算した事業税

10,000,000円×7.0％＝700,000円

③　負担緩和措置適用後の事業税

（イ）　控除額　　（①－②）× $\dfrac{1}{3}$ ＝380,000円

（ロ）　事業税額　①－（イ）＝1,460,000円

Q2-12　M&Aによる子会社化に対する特例措置

　令和6年度税制改正による外形標準課税の拡大措置に併せて導入された，産業競争力強化法の認定特別事業再編計画に基づく株式取得（M&A）による子会社化への特例措置について教えてください。

POINT ⋯⋯⋯⋯⋯⋯⋯⋯⋯⋯⋯⋯⋯⋯⋯⋯⋯⋯⋯⋯⋯⋯⋯⋯⋯⋯⋯⋯⋯⋯⋯⋯

☑　特定法人とその100％子法人等との関係が産業競争力強化法の認定特別事業再編計画に基づく株式取得（M&A）により生じたものである場合には，令和6年度税制改正により導入された「親会社規模判定」による外形標準課税を行わない特例措置が講じられた。

⋯⋯⋯⋯⋯⋯⋯⋯⋯⋯⋯⋯⋯⋯⋯⋯⋯⋯⋯⋯⋯⋯⋯⋯⋯⋯⋯⋯⋯⋯⋯⋯⋯⋯⋯⋯

A・解 説 ⋯⋯⋯⋯⋯⋯⋯⋯⋯⋯⋯⋯⋯⋯⋯⋯⋯⋯⋯⋯⋯⋯⋯⋯⋯⋯⋯⋯⋯⋯⋯⋯

1 ┃ 産業競争力強化法による優遇措置の概要

　産業競争力強化法においては，事業者が生産性向上を目指して事業再編を行う取組みを支援するため，新商品・新サービスを開発するなど一定の要件を満たす計画の申請について，その事業を所管する大臣が再編計画として認定し，その認定を受けた取組みに対して，税制優遇や金融支援等の支援を講じる特例措置を設けている。

　令和6年度税制改正により外形標準課税の対象法人が拡大し，特定法人の100％子法人等について一定要件を満たす場合には資本金が1億円以下であっても外形標準課税の対象とされることとなったが，産業競争力強化法の認定特別事業再編計画に基づく株式取得（M&A）により特定法人の100％子法人等となり，かつ，「親会社規模判定」により初めて外形標準課税の対象となる場合（他の判定基準においては外形標準課税の対象とならない場合）には，当該100％子法人等について，5年の間，外形標準課税を適用しない措置が講じら

れることとなった（8年新法附則8の3の4）。

2 ┃ 特例の内容

　産業競争力強化法の特別事業再編計画の認定を受けた法人の株式取得
（M&A）により特定法人の100%子法人等となった法人が以下のすべての要件
を満たす法人（以下「対象法人」という。）である場合は，対象法人のその子
法人等となった日の属する事業年度からその子法人等となった日以後5年を経
過する日の属する事業年度までの各事業年度においては，外形標準課税は適用
されない。

- 令和9年3月31日までに産業競争力強化法の特別事業再編計画の認定を
  受けた認定特別事業再編事業者である法人によって，当該計画に従い子
  会社化されたものであること
- 当該認定特別事業再編事業者によって引き続き株式等を保有され，完全
  支配関係が継続していること
- 株式の取得に係る対価が1億円以上100億円以下であること
- 特定法人の100%子法人等に該当しないと仮定した場合には，外形標準
  課税の対象外であること

　また，認定特別事業再編事業者による認定申請の日以前に，当該認定特別事
業再編事業者による株式取得（M&A）により子会社化された法人が以下のす
べての要件を満たす法人（以下「五年以内株式等取得等法人」という。）であ
る場合においても，その株式取得の日以後5年を経過する日の属する事業年度
までの各事業年度において，外形標準課税は適用されない。

- 産業競争力強化法の特別事業再編計画の認定の申請日前5年以内に子会
  社化されたこと
- 当該認定特別事業再編事業者によって引き続き株式等を保有され，完全
  支配関係が継続していること

- 特定法人の100％子法人等に該当しないと仮定した場合，外形標準課税の対象外であること

　なお，本特例措置により外形標準課税の適用を受けない場合には，対象法人または五年以内株式等取得等法人に該当することを証する書類を申告書に添付する必要がある（8年新令附則6）。

第3章

改正への実務対応
前期対象法人の資本剰余金判定
に関する具体例

　本章では，外形標準課税に関する令和6年度税制改正のうち減資
への対応措置である「前期対象法人の資本剰余金判定」に関する取
扱いについて，具体的な設例をもとに確認する。

　本判定においては，減資が行われたタイミングにより判定結果が
変わる可能性がある点について十分に留意する必要がある。また，
今後払込資本の増減が生じるスキームを検討する場合には，外形標
準課税に与える影響を念頭に入れる必要があるが，その典型例とし
て一般的な事業承継スキームを実行した場合の影響についても確認
する。

60

Q3-1 公布日の前日までに資本金を1億円以下に減資した場合の影響

令和6年度税制改正に係る法律の公布日（令和6年（2024年）3月30日）の前日までに資本金を1億円以下に減資した場合の影響について教えてください。

POINT ･･･

☑ 令和6年度税制改正後においては，事業年度末の資本金が1億円以下の法人のうち「前事業年度」が外形標準課税の対象であり，かつ，資本金と資本剰余金の合計額が10億円を超える法人は外形標準課税の対象となる。ただし，適用初年度については異なる取扱いがある。

☑ 適用初年度は，「前事業年度」の判定に代えて，原則として「令和6年度税制改正に係る法律の公布日（令和6年3月30日）を含む事業年度の前事業年度から適用初年度の前事業年度までの各事業年度」の判定となる。ただし，資本金1億円超の外形標準課税対象法人が公布日の前日までに資本金を1億円以下に減資した場合には「公布日を含む事業年度から適用初年度の前事業年度までの各事業年度」の判定となる。

･･

A・解 説 ･･･

1 ▎前期対象法人の資本剰余金判定における適用初年度の取扱い

(1) 概 要

令和6年度税制改正により，前事業年度において外形標準課税の対象である法人は，その事業年度末の資本金が1億円以下であっても資本金および資本剰余金の合計額が10億円を超える場合には外形標準課税の対象となることとなった。これは，資本金を資本剰余金に振り替えるという金銭等の払戻しを伴わない名目的な減資により外形標準課税の適用が回避できてしまうことを問題視し，このような行為を防止するために行われた改正といえる。

第3章　改正への実務対応　前期対象法人の資本剰余金判定に関する具体例　**61**

　しかしながら，この税制改正に係る法律の公布日（令和6年（2024年）3月30日）と税制改正の適用開始時期（令和7年（2025年）4月1日以後に開始する事業年度）との間にタイムラグがあることから，改正法律施行前の駆け込み対応を防ぐ目的で適用初年度については異なる取扱いがなされることとなった。

⑵　適用初年度の具体的な取扱い

　令和7年4月1日以後最初に開始する事業年度（適用初年度）においては，その事業年度末の資本金が1億円以下であっても，次の表に掲げる判定対象事業年度のいずれかの事業年度が外形標準課税の対象であり，かつ，事業年度末の資本金および資本剰余金の合計額が10億円を超える場合には，外形標準課税の対象となる。

■適用初年度の判定対象事業年度

法人の区分	判定対象事業年度
下記以外の法人	「公布日を含む事業年度の前事業年度」から「適用初年度の前事業年度」までの各事業年度
「公布日を含む事業年度の前事業年度において外形標準課税の対象」かつ「公布日の前日において資本金1億円以下」である法人	「公布日を含む事業年度」から「適用初年度の前事業年度」までの各事業年度

※　公布日＝令和6年3月30日

■適用初年度の判定フローチャート

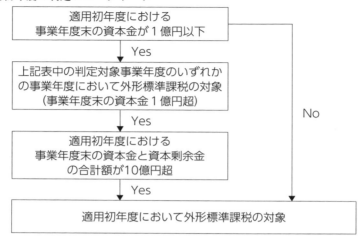

　上記の内容を踏まえると，資本金1億円超の外形標準課税対象法人が適用初年度前に資本金1億円以下に減資を行い，その後，資本金の増加がない場合には，その減資が公布日の前日（令和6年3月29日）までに行われたかどうかで，適用初年度の判定対象事業年度が異なることになる。以下，設例で確認をする。

2 設例（公布日の前日までに資本金を1億円以下に減資した場合）

(1) 前提条件
- 3月決算法人であるA社（資本金4億円，資本準備金4億円，その他資本剰余金5億円）は令和5年（2023年）6月30日に3億円の減資を行い，資本金を1億円とした。
- 減額した3億円については全額資本準備金とし，減資後の資本準備金は7億円となった。
- その後，資本金および資本剰余金の額に変動はない。

(2) 判　　定
　A社の適用初年度は，令和7年4月1日から令和8年3月31日までの事業年

第3章 改正への実務対応 前期対象法人の資本剰余金判定に関する具体例 63

度であり，適用初年度の末日における資本金は1億円である。公布日（令和6年3月30日）の前日における資本金が1億円以下であるため，以下のいずれの要件も満たす場合には外形標準課税の対象となる。

> ① 公布日（令和6年3月30日）を含む事業年度から適用初年度の前事業年度までのいずれかの事業年度において外形標準課税の対象である
> ② 適用初年度の末日における資本金および資本剰余金の合計額が10億円を超える

本設例において，公布日を含む事業年度は令和5年4月1日から令和6年3月31日までの事業年度であり，その後，適用初年度の前事業年度までの事業年度は令和6年4月1日から令和7年3月31日までの一事業年度のみである。それぞれの事業年度末の資本金は1億円以下であることから外形標準課税は対象外となる（当該事業年度は令和6年度税制改正の施行前であるため，事業年度末の資本金のみで適用判定を行う。）。したがって，上記①の要件を満たさないため，②の判定にかかわらず令和8年3月期は外形標準課税の対象外となる。

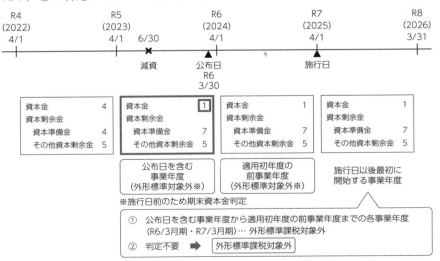

64

Q3-2 公布日以後に資本金を１億円以下に減資した場合の影響

令和６年度税制改正に係る法律の公布日（令和６年（2024年）３月30日）
以後に資本金を１億円以下に減資した場合の影響について教えてください。

POINT ･･
☑ Ｑ３-１を参照。
･･

A･解 説 ･･

1 前期対象法人の資本剰余金判定における適用初年度の取扱い

適用初年度の判定方法については，Ｑ３-１を参照。

2 設例（公布日以後に資本金を１億円以下に減資した場合）

(1) 前提条件

- ３月決算法人であるＢ社（資本金４億円，資本準備金４億円，その他資本
剰余金５億円）は令和６年９月30日に３億円の減資を行い，資本金を１億
円とした
- 減額した３億円については全額資本準備金とし，減資後の資本準備金は
７億円となった。
- その後，資本金および資本剰余金の額に変動はない。

(2) 判 定

Ｂ社の適用初年度は，令和７年４月１日から令和８年３月31日までの事業年
度であり，適用初年度の期末資本金は１億円である。公布日（令和６年３月30
日）の前日における資本金は１億円を超えるため，以下のいずれの要件も満た
す場合には外形標準課税の対象となる。

第3章 改正への実務対応　前期対象法人の資本剰余金判定に関する具体例　65

> ① 公布日（令和6年3月30日）を含む事業年度の前事業年度から適用初年度の前事業年度までのいずれかの事業年度において外形標準課税の対象である
> ② 適用初年度の末日における資本金および資本剰余金の合計額が10億円を超える

　本設例において，公布日を含む事業年度の前事業年度は令和4年4月1日から令和5年3月31日までの事業年度である。当該事業年度の期末資本金は4億円であり，1億円超であることから外形標準課税の対象となる（当該事業年度は令和6年度税制改正の施行前であるため，事業年度末の資本金のみで適用判定を行う。）。したがって，上記①の要件を満たす（なお，本設例の場合には，公布日を含む事業年度である令和5年4月1日から令和6年3月31日までの事業年度で判定しても同様に①の要件を満たす。）。また，適用初年度の末日における資本金および資本剰余金の合計額は13億円（資本金1億円＋資本準備金7億円＋その他資本剰余金5億円）であり，②の要件も満たす。結果として，適用初年度については，外形標準課税の対象となる。

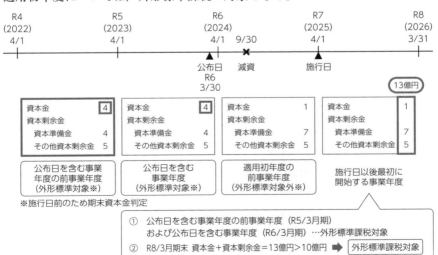

66

Q3-3 増加した資本金の額を同一事業年度中に減資する場合

資本金1億円以下の法人が増資等により資本金1億円超となった後，再度資本金1億円以下に減資する場合における外形標準課税適用上の留意点について教えてください。

POINT ‥‥‥‥‥‥‥‥‥‥‥‥‥‥‥‥‥‥‥‥‥‥‥‥‥‥‥‥‥‥‥‥‥‥‥‥‥‥

☑ 令和6年度税制改正後においても，事業年度末の資本金を基礎として外形標準課税の適用判定をすることは変わらない。

☑ したがって，資本金1億円以下の法人が増資等により資本金1億円超となった場合においても，同一事業年度中に再度1億円以下に減資を行えば，引き続き，事業年度末の資本金が1億円以下の法人として外形標準課税の適用判定を行うことになる。

☑ 減資の手続は，通常約2か月程度の期間を要するため，増資等による資本金の増加と減資をあわせて行おうとする場合には，スケジュールに留意する必要がある。

‥‥

A・解説 ‥‥‥‥‥‥‥‥‥‥‥‥‥‥‥‥‥‥‥‥‥‥‥‥‥‥‥‥‥‥‥‥‥‥‥‥

1 改正後における外形標準課税の適用判定時期と増減資等を行う場合の留意点

令和6年度税制改正により資本金判定以外の判定要素が追加されたが，資本金を基礎として判定する場合の判定時期については，改正前と同様，引き続き事業年度末となる。したがって，改正後において外形標準課税の対象法人でない法人が，期中に資本金1億円超となる増資等を行った場合においても，同一事業年度中に減資を行い，事業年度末までに資本金1億円以下とした場合には，事業年度末の資本金が1億円以下の法人として外形標準課税の適用判定を行うこととなる。

第3章　改正への実務対応　前期対象法人の資本剰余金判定に関する具体例　**67**

　減資の手続には，通常約2か月程度の期間がかかるため，資本増強のために金銭出資を受けた後，減資により資本金1億円以下の法人に戻るケースにおいては，スケジュールに十分留意する必要がある。

　仮に，増資後，減資を行うまでに事業年度をまたいでしまい，外形標準課税の適用を受けると，その翌事業年度においては「前事業年度が外形標準課税の対象である事業年度」となる。この場合においては，事業年度末の資本金が1億円以下であっても資本金と資本剰余金の合計が10億円を超えると外形標準課税の対象法人となる。さらに，翌事業年度以降についても同様の判定結果が継続することになるため，継続して外形標準課税の対象法人となる。

　特に株主が複数存在するケースで増資による資金調達を行う場合には，増資の手続や減資の手続において想定外のスケジュール遅延が起こることも考えられるため，手続に関与する当事者の認識合わせも含め，慎重にスケジュール管理をする必要がある。

2 ┃ 設　　例

(1)　前提条件

- 当社は3月末が決算期の非公開会社である。
- 令和7年6月1日に開かれた定時株主総会で承認を受けた令和7年3月期決算数値において，資本金1億円，資本剰余金2億円であり，資本剰余金2億円の内訳は資本準備金0円，その他資本剰余金2億円である。
- 当社は設立時から外形標準課税の対象外である。
- 増資の効力発生日を令和7年8月28日とする第三者割当による募集株式の発行等を行い，投資ファンドから総額10億円の資金を調達した。なお，資本金組入額は会社法規定の最低限度額の5億円とした。
- 減資の効力発生日を令和8年1月30日とする臨時株主総会決議を経て資金調達により増加した資本金を1億円まで減資し，その他資本剰余金に振り替えた。なお，当減資について異議を述べる株主および債権者は存在しなかった。

(2) 判　定

　期中に行われる増資により資本金は1億円から6億円，資本剰余金は2億円から7億円に増加する結果，このまま事業年度末を迎えると資本金が1億円を超えることから令和8年3月期は外形標準課税の対象となる。

　そのため，引き続き外形標準課税の対象外としたい場合には，事業年度末までに効力が発生するように資本金1億円以下となる減資手続を行う必要がある。

　本設例では効力発生日を令和8年1月30日とする5億円の減資の結果，事業年度末の資本金は1億円以下となり，前事業年度も外形標準課税の対象ではないことから，期末資本金と資本剰余金の合計額は10億円を超えるものの，令和8年3月期も引き続き外形標準課税の対象外となる。

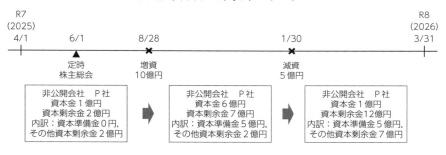

第3章　改正への実務対応　前期対象法人の資本剰余金判定に関する具体例　69

Q3-4 一般的な事業承継スキームへの対応

　経営者が会社の事業承継を目的とした資本政策を実行する場合において純資産が増加するケースがありますが，一般的に検討されるスキームと，そのスキームを実行した場合の外形標準課税への影響を教えてください。

POINT

☑ 会社の純資産が増加する一般的な事業承継のスキームのうち外形標準課税への影響に留意すべきものとして，ホールディングス化とDES（Debt Equity Swap）が挙げられる。

☑ 外形標準課税の対象外の会社が，事業承継を目的とした資本政策で純資産が増加するホールディングス化を実施する場合においても，意図的に資本金を増加させない限り，外形標準課税の対象となることはない。ただし，資本剰余金が増加する場合には，その後，対象要件を満たしやすくなる可能性があるため留意する必要がある。

☑ 外形標準課税の対象外の会社が，事業承継の過程でDES（Debt Equity Swap）を行った場合，一時的に資本金が増加し，外形標準課税の適用に影響を及ぼし得るが，期末までに減資を行うことで外形標準課税の対象外とすることも可能である。

A・解 説

1 事業承継とは

　「事業承継」という言葉には明確な定義があるわけではないため，はじめに事業承継の概念について整理する。2016年に策定された「事業承継ガイドライン」によると，事業承継とは「事業」そのものを「承継」する取組みとある。そうした事業承継の構成要素として，人（経営）・資産・知的資産（目に見えにくい経営資源・強み）の3つが挙げられている。これらは，まさしく経営者

が事業を通じて培ってきたものであり，次世代に円滑に引き継がれていくことが重要である。

2 ┃ 事業承継における資本政策とは

資本政策とは，一般的には株式譲渡，増資，組織再編などの手法により，資金調達，資本構成の最適化を図ることをいう。これに事業承継が目的に加わると，創業者利潤の確保や円滑な事業承継を行うための施策・戦略を組み合わせる必要がある。

事業承継の取組みを行う会社の経営者は一般的に会社の筆頭株主であることが多く，後継者へ経営権および株主としての支配権をいかに円滑に承継していくかが大きな課題となる。このような課題の解決策として資本政策が検討される。

3 ┃ 事業承継におけるホールディングス化

事業承継を検討する経営者が会社を複数社経営している場合には，その後継者は複数社の株式を承継しなければならないという課題が生じるケースがある。また，反対に１つの会社において複数の事業が含まれている場合には，引き継ぐ後継者にとって事業の管理が複雑であるなどの課題が生じるケースもある。

このような理由から，事業承継における資本政策を検討する際，ホールディングス化が用いられる場合がある。以下では，ホールディングス化する際に純資産が増減するパターンに絞り，一般的なスキームを紹介する。

(1) 株式交換
① 概　　要

現経営者が複数の会社を経営し，その株式を個人で所有している場合，複数の株式を後継者に引き継がなければならないという課題がある。その際，株式交換を行うことによって承継すべき株式を１社にまとめることができる。

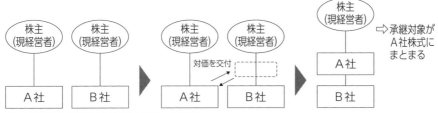

※ 取扱いの詳細についてはQ8-4参照。

② 外形標準課税への影響

　同一の経営者が支配している会社同士の株式交換は，会計上，共通支配下の取引に該当するため，親会社となる会社において増加する純資産（＝子会社株式の取得価額）は子会社となる会社の株式交換直前の簿価純資産価額になる。ただし，増加する株主資本（純資産）の内訳を決定する際，資本金の額の増加が強制されるものではないため，意図的に資本金を増加させる処理を行わない限り，外形標準課税の対象外の法人が新たに対象となることはない。なお，増加した純資産のうち資本金を増加させなかった金額については，資本剰余金（資本準備金またはその他資本剰余金）として処理をすることになる。したがって，その後，外形標準課税の対象要件を満たしやすくなる可能性がある点については留意する必要がある。

　子会社になる会社は株主が変動するのみであるため，通常，株式交換における純資産および外形標準課税への影響はない。

(2) 会社分割
① 概　　要

　1つの会社において複数の事業が含まれている場合，後継者にとって複数の事業の管理が困難な場合がある。その際，会社分割によって会社の事業の一部を他社に移転させることで事業ごとの管理を容易にするなどの対応をするケースがある。

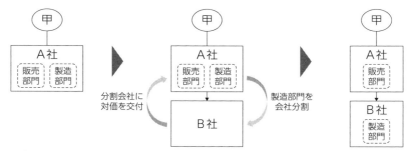

※ 取扱いの詳細についてはQ8-4参照。

② 外形標準課税への影響

会社分割により、ある事業部門を子会社化して対価（子会社株式）を取得した場合、分割会社である親会社は子会社株式の取得価額として移転事業に係る資産の帳簿価額と負債の帳簿価額との差額を計上するため、純資産および外形標準課税への影響はない。

一方、事業を分割により取得した子会社は移転事業に係る資産の帳簿価額から負債の帳簿価額を控除した金額について株主資本が増加する。ただし、増加する株主資本（純資産）の内訳を決定する際、資本金の額の増加が強制されるものではないため、意図的に資本金を増加させる処理を行わない限り、外形標準課税の対象外であった法人が新たに対象となることはない。増加する資本剰余金に係る留意点も(1)②と同様である。

4 事業承継におけるDES（Debt Equity Swap）

(1) 概　要

同族会社において、経営者が会社に多額の資金を貸し付けて事業を運営している場合があり、会社にとっては財務を毀損する課題となる。このような際に用いられるスキームとして当該貸付金を会社の株式に転換する手法があり、この手法をDES（Debt Equity Swap）という。DESを行うことにより、経営者においては会社への貸付金が株式に変わり、会社においては役員借入金等の債

務が資本に変わる。

会社においては，財務諸表の改善，資金繰りの改善を図ることができる。経営者においては，より承継を行いやすい資産へ転換（貸付金から株式への転換）することが可能となる。

※ 取扱いの詳細についてはQ8-1参照。

(2) 外形標準課税への影響

DESを行った場合，その出資額（通常，債権の額面）の半分以上を資本金に計上し，出資額との差額を資本準備金に計上する必要がある。そのため，DESにより資本金が1億円を超えた場合，外形標準課税の対象になる可能性がある。ただし，事業年度末までに債権者保護手続を実施し，減資（資本金を資本剰余金に振り替えるなど）を行うことで，事業年度末の資本金を1億円以下に抑え，外形標準課税の適用対象外とすることも可能である。

第4章

改正への実務対応
親会社規模判定に
関する具体例

　本章では，外形標準課税に関する令和6年度税制改正のうち大企業グループへの対応措置である「親会社規模判定」に関する取扱いについて，具体的な設例をもとに確認する。

　本判定では，グループ内において配当取引や組織再編成等の資本取引を行った場合およびM&Aによりグループ外の法人を子会社化した場合など，大企業グループで一般的に起こり得ることが判定に影響するため，これらの設例をもとに留意点等を確認する。

Q4-1 公布日以後に100％親会社に対して資本剰余金を原資とする配当を行った場合

特定法人の100％子法人等が令和6年度税制改正に係る法律の公布日（令和6年（2024年）3月30日）以後に資本剰余金を原資とする配当を行った場合における外形標準課税の適用への影響について教えてください。

POINT ・・

☑ 令和6年度税制改正により，特定法人の100％子法人等については，事業年度末の資本金および資本剰余金の合計額が2億円を超える場合には外形標準課税の対象となる（令和8年（2026年）4月1日以後開始事業年度から適用）。

☑ 令和6年度税制改正に係る法律の公布日（令和6年（2024年）3月30日）以後に特定法人の100％子法人等が資本剰余金を原資とする配当を実施した場合には，当該配当金額を100％子法人等の資本金および資本剰余金の合計額に加算して2億円を超えるかどうかを判定する。

・・

A・解 説 ・・

1 100％子法人等の資本剰余金を原資とする配当への対応

令和6年度税制改正により，特定法人（Q2-5参照）の100％子法人等（Q2-9参照）については，事業年度末の資本金が1億円以下であっても資本金および資本剰余金の合計額が2億円を超える場合には外形標準課税の対象となることとなった（令和8年（2026年）4月1日以後開始事業年度から適用）。

しかしながら，100％グループ法人間で資本剰余金を原資とする配当を行い，資本金および資本剰余金の合計額を2億円以下にすることは容易に実行できることから，令和6年度税制改正に係る法律の公布日（令和6年（2024年）3月30日）以後に100％子法人等がその100％親法人等に対して資本剰余金を原資とする配当または出資の払戻しを行った場合には，当該配当金額または出資の払

戻しにより減少した払込資本の額を資本金および資本剰余金の合計額に加算して2億円超判定を行う措置が講じられた。

2 設例（公布日以後に資本剰余金を原資とする配当を実施した場合）

(1) 前提条件
- 特定法人の100％子法人等であるA社（3月決算）は，令和6年9月30日にその他資本剰余金を原資とする2億円の配当を100％親法人等に対して実行した。
- A社の配当実行前の資本金は1億円，その他資本剰余金は2億円である。

(2) 判　定

　A社から100％親法人等へのその他資本剰余金を原資とする2億円の配当は令和6年度税制改正の公布日（令和6年3月30日）以後に実行されているため，令和9年3月期における外形標準課税の判定上，当該2億円の配当はA社の資本金および資本剰余金の合計額1億円に加算する必要がある。結果，加算後の金額は3億円となり，A社は外形標準課税の対象となる。

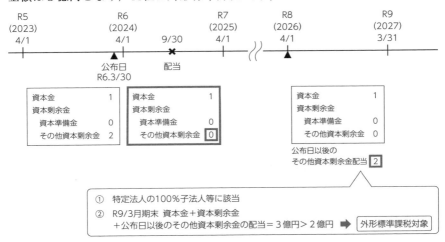

　なお，以下の図のとおり，特定法人の100％子法人等とは，間接保有の孫会

社なども含まれるため，必ずしも特定法人への直接配当になるとは限らない。特定法人に対する直接配当でない場合においても加算の調整は必要となるため，留意する必要がある。

■**特定法人の100％子法人等における配当のパターン（例）**

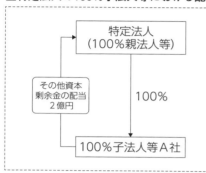
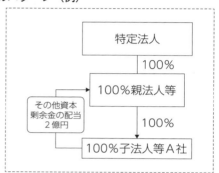

　また，資本剰余金を原資とする配当の加算措置において加算の対象となる配当額は，特定法人とその特定法人の100％子法人等との間に特定法人による完全支配関係がある場合において行われた配当とされる。この場合の特定法人による完全支配関係があるかどうかの判定時期その他詳細についてはＱ２-10参照。

3 ｜ 有償減資（会社法447，454）

　旧商法における有償減資，つまり株主に対する金銭交付を伴う減資手続は，会社法において，資本金をその他資本剰余金に振り替える減資手続と金銭等を株主に支払う剰余金の配当手続として規定されている。

　そのため，令和６年度税制改正の公布日（令和６年３月30日）以後に100％子法人等がその100％親法人等に対して行う有償減資は，実施した子法人等の資本金および資本剰余金の合計額に加算されることとなる。

第4章　改正への実務対応　親会社規模判定に関する具体例　79

Q4-2　公布日の前日までに100％親法人に対して資本剰余金を原資とする配当を行った場合

> 特定法人の100％子法人等が令和6年度税制改正に係る法律の公布日（令和6年（2024年）3月30日）の前日までに資本剰余金を原資とする配当を行った場合における外形標準課税の適用への影響について教えてください。

POINT‥‥‥‥‥‥‥‥‥‥‥‥‥‥‥‥‥‥‥‥‥‥‥‥‥‥‥‥

☑　Q4-1を参照。

‥‥‥‥‥‥‥‥‥‥‥‥‥‥‥‥‥‥‥‥‥‥‥‥‥‥‥‥‥‥‥‥‥‥

A・解 説

1 100％子法人等の資本剰余金を原資とする配当への対応

　令和6年度税制改正に係る法律の公布日（令和6年（2024年）3月30日）以後に100％子法人等が資本剰余金を原資とする配当または出資の払戻しを行った場合の取扱いについてはQ4-1参照。

　特定法人の100％子法人等における外形標準課税の適用判定上，資本金および資本剰余金の額に資本剰余金を原資とする配当を加算する措置は，公布日以後に行われた配当に限られるため，公布日の前日までに行われた資本剰余金の配当については加算調整の必要はない。

2 設例（令和6年3月30日までに資本剰余金を原資とする配当を実施した場合）

(1)　前提条件
- 特定法人の100％子法人等であるA社（3月決算）は，令和5年6月30日にその他資本剰余金を原資とする2億円の配当を100％親法人等に対して実行した。

- A社の配当実行前の資本金は1億円，その他資本剰余金は2億円である。

(2) 判　　定

　A社から100％親法人等へのその他資本剰余金を原資とする2億円の配当は令和6年度税制改正の公布日（令和6年3月30日）より前に実行されているため，令和9年3月期における外形標準課税の判定上，当該2億円の配当はA社の資本金および資本剰余金の合計額1億円に加算する必要はない。結果，1億円での判定となるためA社は外形標準課税の対象外となる。

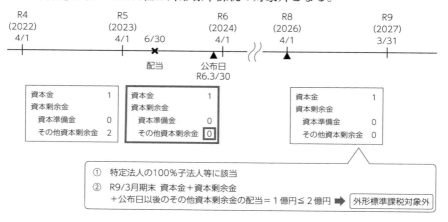

第4章　改正への実務対応　親会社規模判定に関する具体例　**81**

Q4-3 自己株式の取得・消却を行った場合の影響

特定法人の100％子法人等が自己株式の取得および消却を行った場合における外形標準課税の適用への影響について教えてください。

POINT ··

☑ 自己株式を取得した場合には，その取得価額をもって純資産の部の株主資本から控除するため，資本金の額および資本剰余金の額は変動しない。

☑ 保有する自己株式を消却した場合には，その自己株式の帳簿価額をその他資本剰余金の額から減額し，その他資本剰余金がマイナス残高となる場合には，そのマイナス残高についてその他利益剰余金を減額して充当する。

☑ したがって，自己株式の消却を行う場合には資本剰余金の額に変動が生じる可能性があり，資本剰余金の額が変動した場合には，外形標準課税の適用判定に影響する可能性がある。

··

A·解 説 ··

1 自己株式の取得に係る会計処理

　株式会社は，株主総会の決議等の手続に基づき自己株式を取得することができる。自社が発行した株式を自社の株主から取得する行為は，株主に対する資本の払戻しとしての性質があるため，有価証券の取得ではなく，純資産の減少として取り扱う。自己株式を取得し保有する場合の具体的な処理としては，その取得価額をもって純資産の部の株主資本から控除することとされ，資本金の額および資本剰余金の額に変動は生じない。したがって，自己株式の取得が，外形標準課税の適用に影響を与えることはない。

2 自己株式の消却に係る会計処理

　株式会社は，保有する自己株式を消却することができる。自己株式を消却した場合には，その自己株式の帳簿価額をその他資本剰余金の額から減額する。減額後，その他資本剰余金残高がマイナスとなる場合には，その他資本剰余金の額が零となるようにその他利益剰余金を減額して充当する。つまり，その他資本剰余金の残高がある状況で自己株式の消却を行う場合には，資本剰余金の変動が生じることになる。したがって，自己株式の消却に伴い外形標準課税の適用に影響が生じる可能性がある。

3 設例（特定法人の100％子法人等が自己株式を取得し，その後，消却した場合）

(1)　前提条件

- 親会社Ｐ社（資本金10億円，その他資本剰余金50億円）に100％支配されている子会社Ｓ社（資本金１億円，その他資本剰余金２億円）が親会社Ｐ社から自己株式を1.5億円で取得する。
- 子会社Ｓ社が親会社Ｐ社から取得した自己株式1.5億円のすべてを消却し，その他資本剰余金を減額する。

(2)　会計処理

①　自己株式の取得（自己株式等会計基準７）

　取得した自己株式は，取得価額をもって純資産の部の株主資本から控除する。

（借）　自　己　株　式	1.5億円	（貸）　現　　　　　金	1.5億円

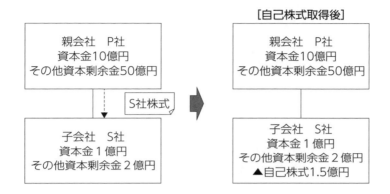

② 自己株式の消却（自己株式等会計基準11）

自己株式を消却した場合には、消却の対象となった自己株式の帳簿価額をその他資本剰余金から減額する。

（借）　その他資本剰余金	1.5億円	（貸）　自　己　株　式	1.5億円

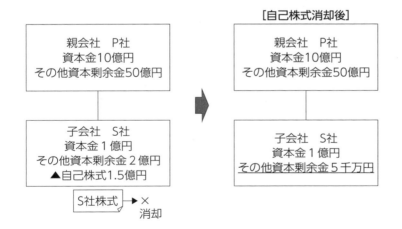

(3) 外形標準課税の適用判定

本設例において、親会社P社は資本金10億円であるため、外形標準課税の対象法人となる。また、資本金と資本剰余金の合計額が50億円超の法人となるた

め，特定法人に該当する。子法人Ｓ社は特定法人であるＰ社に100％保有される法人であり，資本金と資本剰余金の合計額が２億円超（自己株式の消却前）の法人であるため，令和８年４月１日以後開始事業年度においては，外形標準課税の対象となる。

　その後，本設例において，Ｓ社は自己株式を取得しているが，取得によって資本金の額および資本剰余金の額に影響はないため，自己株式を保有している段階においては外形標準課税の適用判定に影響は生じない。

　さらにその後，Ｓ社が自己株式を消却し，その他資本剰余金1.5億円を減少している。これによりＳ社の資本剰余金は5,000万円となり，資本金と資本剰余金の合計額は1.5億円となる。外形標準課税の適用判定上，Ｓ社は特定法人の子法人等に該当するものの，資本金と資本剰余金の合計額が２億円以下となるため，外形標準課税の対象とならない。

　このように自己株式に係る取引があった場合には，資本剰余金の減少のタイミングに留意する必要がある（自己株式の処分をした場合の取扱いについてはＱ８−４参照）。

第4章　改正への実務対応　親会社規模判定に関する具体例　85

Q4-4　外形標準課税の対象外の会社が株式交換・移転を実施した場合の影響

　100％親子会社関係を構築するための手法である株式交換，株式移転を実施した場合における外形標準課税の適用への影響について教えてください。

POINT ··

☑　一般的に，株式交換は既存の会社を100％子会社化するための手法であり，株式移転は既存の会社の100％親法人を新設するための手法である。いずれの場合においても，100％親子会社関係を構築する手法であるため，外形標準課税の適用上，親会社規模判定に関する改正に留意する必要がある。

☑　すでに特定法人に該当する法人が，株式交換により他の法人を100％子会社化する場合には，当該子法人は新たに外形標準課税の対象法人となる可能性がある。

☑　株式交換，株式移転を行った場合には，株式交換完全親会社，株式移転完全親会社において資本金または資本剰余金の合計額が増加する。そのため，これらの完全親会社が新たに特定法人に該当する場合には，その子会社が新たに外形標準課税の対象法人となる可能性がある。また，完全親会社となる法人自身が特定法人の100％子法人等の要件を満たして新たに外形標準課税の対象法人となる可能性がある。

··

A・解説··

1 ｜ 株式交換・株式移転が外形標準課税の適用に影響を与える場合

　株式交換とは，株式会社が他の会社の発行済株式の全部を取得し，対価として自社の株式等を交付する行為であり，一般的には，他の会社を100％子会社化する目的で行われる。株式移転とは，既存の株式会社が自社の完全親会社となる会社を設立し，自社の株式のすべてをこの新設会社に移転して完全子会社

となる行為であり，複数の会社が子会社となることも可能であることから，一般的には持株会社を設立する目的で行われる。

いずれも100％親子会社の関係を構築する行為であるため，外形標準課税の適用の検討にあたっては，令和6年度税制改正により新たに導入される親会社規模判定の取扱いについて留意する必要がある。

具体的に，外形標準課税の対象外の法人が新たに対象法人となる場合としては，特に以下のケースが考えられる。

---

(1) すでに特定法人に該当する法人が，株式交換により他の法人を100％子会社化する場合には，当該子法人は新たに外形標準課税の対象法人となる可能性がある。

(2) 株式交換または株式移転を行った場合には，株式交換完全親会社，株式移転完全親会社において資本金および資本剰余金の合計額が増加するため，以下の場合にはそれぞれに掲げる法人が新たに外形標準課税の対象法人となる可能性がある。

① 株式交換完全親会社または株式移転完全親会社が新たに特定法人に該当することとなる場合

　⇨それぞれの子法人となる法人またはすでに子法人である法人

② すでに特定法人の100％子法人等である法人が，株式交換により株式交換完全親会社となる場合

　⇨その株式交換完全親会社となる法人

---

2 ▎設例1（株式交換）

(1) 前提条件

- 特定法人（P社）の子会社S1社（P社保有株式の帳簿価額1.6億円）とS2社（P社保有株式の帳簿価額1.5億円）はS1社を株式交換完全親会社とする株式交換契約を締結する。
- 株式交換契約において払込資本金額は全額その他資本剰余金とする。

第4章　改正への実務対応　親会社規模判定に関する具体例　**87**

• 各社の純資産の内容は，以下の図のとおりである。

[株式交換後]

```
                                        特定法人
         特定法人                        親法人　P社
         親法人　P社                     資本金50億円
         資本金50億円                    資本剰余金50億円
         資本剰余金50億円

外形標準課税対象外     外形標準課税対象外      外形標準課税対象
100%子法人　S1社    100%子法人　S2社     100%子法人　S1社
株式交換完全親会社    株式交換完全子会社     株式交換完全親会社
資本金５千万円       資本金５千万円        資本金５千万円
その他資本剰余金１億１千万円  その他資本剰余金１億円  その他資本剰余金２億９千万円
その他利益剰余金８千万円    その他利益剰余金３千万円  その他利益剰余金８千万円

                                      外形標準課税対象外
                                      100%子法人　S2社
                                      株式交換完全子会社
                                      資本金５千万円
                                      その他資本剰余金１億円
                                      その他利益剰余金３千万円
```

(2) 会計処理

　株式交換完全親会社において対価を新株発行または自己株式の処分とした場合，払込資本が増加する（結合分離適用指針111）。払込資本の内訳は基本的には株式交換契約で自由に定めることができ，契約次第では全額を資本剰余金とすることも可能である。

① P社の仕訳

　株式交換完全子会社となるS2社の株式の帳簿価額を株式交換完全親会社となるS1社の株式の帳簿価額に振り替える。

（借）　S　1　社　株　式	1.5億円	（貸）　S　2　社　株　式	1.5億円

② S1社の仕訳

　株式交換完全子会社となるS2社の株式を取得し，対価として自社の株式を交付することで払込資本が増加する。共通支配下の取引に該当するため，それぞれS2社の株主資本の帳簿価額（資本金５千万円＋その他資本剰余金１億円＋その他利益剰余金３千万円＝1.8億円）で処理をし，増加する払込資本の内容は株式交換契約で定めたその他資本剰余金とする。

（借）　Ｓ２社株式	1.8億円	（貸）　その他資本剰余金	1.8億円

③ S2社の仕訳

仕訳不要

(3) 外形標準課税の適用判定

　S1社は特定法人Ｐ社の100％子法人等であり，株式交換によりその他資本剰余金が1.8億円増加し資本金および資本剰余金の合計額が２億円を超えることとなったため，外形標準課税の対象となる。一方，S2社は特定法人Ｐ社の100％子法人等であるものの，株式交換の前後で資本金および資本剰余金に変動がなく，合計額が引き続き２億円以下であるため外形標準課税の対象とならない。

3 ┃ 設例2（株式移転）

(1) 前提条件

- 独立したＡ社とＢ社（いずれも個人を含む複数の株主が存在する会社）が共同で株式移転を行い，持株会社（Ｈ社）を設立する株式移転計画を作成する。
- 株式移転計画において増加する資本金は１億円とし，残りはその他資本剰余金とする。
- Ａ社，Ｂ社ともに資本金および資本剰余金の合計額は10億円を超えるが，

過去に外形標準課税の対象となったことはない。
- 本株主移転による企業結合は取得に該当し、A社を取得企業、B社を被取得企業とする。B社株式の取得の対価として交付した株式の時価の合計額は25億円である。
- 各社の純資産の内容は以下の図のとおりである。

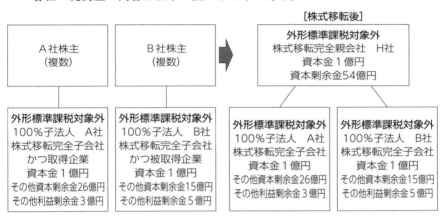

(2) 会計処理

株式移転による共同持株会社の設立の形式をとる企業結合が取得とされた場合には、取得企業の決定基準に従い、いずれかの株式移転完全子会社を取得企業として取り扱う（結合分離適用指針120）。本設例ではA社が取得企業、B社が被取得企業であることを前提としている。H社が受け入れた株式移転完全子会社株式の取得原価を算定するにあたり、それぞれ会計処理が異なる。

(a) 取得企業であるA社の株式の取得原価は、株式移転直前における取得企業の適正な帳簿価額による株主資本の額に基づき算定する（結合分離適用指針121(1)）。

(b) 被取得企業であるB社の株式の取得原価は、取得の対価となる財の時価に、付随費用を加算して算定する（結合分離適用指針121(2)）。

① H社の仕訳

　払込資本はA社株式の取得原価（A社の簿価純資産価額30億円）とB社株式の取得原価（B社株式の取得対価の時価25億円）との合計額となり，内訳は，株式移転計画で定めた資本金1億円，差額をその他資本剰余金とする。

| （借）　A　社　株　式 | 30億円 | （貸）　資　　本　　金 | 1億円 |
| B　社　株　式 | 25億円 | その他資本剰余金 | 54億円 |

② A社の仕訳

| 仕訳不要 |

③ B社の仕訳

| 仕訳不要 |

(3) 外形標準課税の適用判定

　H社は資本金と資本剰余金の合計額が50億円を超えるものの，資本金が1億円以下である。また，株式移転により新設された会社であり前事業年度が存在しないため外形標準課税の対象とはならない。したがって，特定法人にも該当しない。

　H社の子会社となるA社，B社の資本金および資本剰余金は株式移転の前後で変動がなく，合計額が引き続き2億円を超えるものの100％親会社であるH社が特定法人に該当しないため外形標準課税の対象とならない。

第4章　改正への実務対応　親会社規模判定に関する具体例　91

Q4-5 特定法人の子会社同士が合併する場合の影響

特定法人の子会社同士が合併する場合における外形標準課税の適用への影響について教えてください。

POINT ....

☑　特定法人の子会社同士の合併後に資本金と資本剰余金の合計額が2億円を超える場合，外形標準課税の対象となる可能性に留意する。

....

A・解 説..

以下，設例で解説する。

(1) 前提条件

- 親会社（P社）にそれぞれ100％支配されている子会社（S1社，S2社）同士が合併する。
- 合併対価は吸収合併存続会社である子会社（S1社）の株式のみである。
- 親会社（P社）は外形標準課税の対象法人である。
- 子会社（S1社）は合併前において外形標準課税の対象外の法人である。
- 合併により子会社（S1社）で増加する株主資本の額は，合併契約によりすべてその他資本剰余金としている。
- 各社の純資産の内容は以下の図のとおりである。

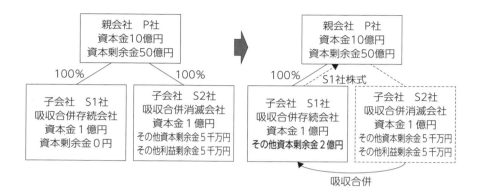

(2) 会計処理

同一の企業により支配されている子会社同士が合併する場合，吸収合併存続会社である子会社（S1社）は吸収合併消滅会社である子会社（S2社）から受け入れる資産および負債を合併期日前日の適正な帳簿価額により引き継ぐことになる（結合分離適用指針247(1)）。

また，吸収合併存続会社である子会社（S1社）において増加する株主資本の内訳は原則として合併契約により定めた内容となる（結合分離適用指針247(2)，185(1)①，会計規35①二，②）。

本設例においては，吸収合併消滅会社である子会社（S2社）の株主資本2億円（資本金1億円＋その他資本剰余金5千万円＋その他利益剰余金5千万円）が吸収合併存続会社である子会社（S1社）において増加すべき払込資本となるため，合併契約の定めに従い吸収合併存続会社である子会社（S1社）のその他資本剰余金が2億円増加することになる。

【S1社の仕訳】

| （借）受入純資産
（資産・負債） | 2億円 | （貸）その他資本剰余金 | 2億円 |

⑶　外形標準課税の適用判定

　吸収合併存続会社である子会社（S1社）は本合併により資本金と資本剰余金の合計額が3億円となる。その結果，特定法人である親会社P社の100％子会社であり，かつ，資本金と資本剰余金の合計額が2億円を超えるため，外形標準課税の対象となる。

94

Q4-6 特定法人の子会社が会社分割する場合の影響

特定法人の子会社が新設分割型分割で兄弟会社を設立する場合における外形標準課税の適用への影響について教えてください。

POINT ··

☑ 分割型分割は，分割会社が分割承継会社から当該分割承継会社の株式の交付を受け，これを配当として分割会社の株主に分配する手続となるため，分割会社において株主資本の減少が生じる。

☑ 特定法人の子会社で親会社規模判定により外形標準課税の対象法人となる会社が分割型分割による分割会社となる場合において，分割による株主資本の減少により資本金と資本剰余金の合計額が2億円以下になるときは，外形標準課税の対象外となる。

···

A・解説··

以下，設例で解説する。

(1) 前提条件

- 親会社（P社）に100％支配されている子会社（S1社）が事業の一部の分割型分割を行い兄弟会社（S2社）を設立する。
- 分割対価は新設分割設立会社である兄弟会社（S2社）の株式のみである。
- 分割により移転する子会社（S1社）の純資産（移転資産と負債の差額）の帳簿価額は1.5億円である。
- 親会社（P社）は外形標準課税の対象法人である。
- 子会社（S1社）は会社分割前において外形標準課税の対象法人である。
- 分割により子会社（S1社）で減少する株主資本は全額その他資本剰余金とし，兄弟会社（S2社）で増加する株主資本は，資本金が1億円，残額

をその他資本剰余金とする。
- 各社の純資産の内容は以下の図のとおりである。

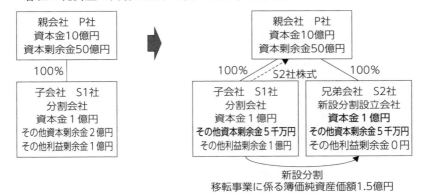

(2) 分割会社である子会社（S1社）の会計処理

　親会社（P社）に100％支配されている子会社（S1社）が事業の一部を分割型分割により移転し兄弟会社（S2社）を設立する場合，分割会社である子会社（S1社）は分割の対価であるS2社株式を取得し，当該S2社株式を親会社であるP社に分配する。分配により減少する株主資本の減少額は移転する事業に係る簿価純資産価額となり，その内訳は，取締役会等の会社の意思決定機関において定められた額とする。

　本設例では新設分割計画により減少させる株主資本の額をすべてその他資本剰余金として定めているため，分割会社である子会社（S1社）のその他資本剰余金が1.5億円減少することになる。

【S1社の仕訳】

（借）　その他資本剰余金	1.5億円	（貸）　移転純資産 （資産・負債）	1.5億円

⑶　新設分割設立会社である兄弟会社（S2社）の会計処理

　新設分割設立会社である兄弟会社（S2社）が分割会社である子会社（S1社）から受け入れる資産および負債は，分割期日の前日に付された子会社（S1社）の適正な帳簿価額により計上する。また，兄弟会社（S2社）が増加すべき株主資本は原則として新設分割計画の定めに従いそれぞれ定めた額とし，利益剰余金の額は零とする。

　本設例では，新設分割計画により増加させる株主資本の額のうち資本金を1億円，残額をその他資本剰余金として定めているため，新設分割設立会社である兄弟会社（S2社）の資本金が1億円，その他資本剰余金が5千万円（受け入れた簿価純資産価額1.5億円から増加した資本金1億円を控除した金額）増加することになる。

【S2社の仕訳】

（借）　受 入 純 資 産 　　　（資 産・負 債）	1.5億円	（貸）　資　　本　　金 　　　　その他資本剰余金	1億円 0.5億円

⑷　外形標準課税の適用判定

　分割会社である子会社（S1社）は会社分割により資本金と資本剰余金の合計額が1.5億円となる。その結果，特定法人である親会社P社の100％子会社であるが，資本金1億円以下であり，かつ，資本金と資本剰余金の合計額が2億円以下となるため，外形標準課税の対象外となる。

　また，新設分割設立会社である兄弟会社（S2社）は資本金1億円以下であり，かつ，資本金と資本剰余金の合計額が2億円以下であるため，外形標準課税の対象外となる。

第4章 改正への実務対応 親会社規模判定に関する具体例 **97**

Q4-7 特定法人が会社分割により子会社を設立する場合と，子会社設立後に無対価吸収分割を行う場合の比較

特定法人が会社分割により子会社を設立する場合と，子会社設立後に無対価吸収分割を行う場合の違いについて教えてください。

POINT ∙∙

☑ 分割法人である親会社が特定法人に該当する場合，分割承継会社である子会社の資本金と資本剰余金の合計額が2億円を超えると，外形標準課税の対象となる。

☑ 無対価吸収分割により子会社の株主資本が2億円を超えて増加する場合であっても，子会社の資本金と資本剰余金の合計額が2億円以下となり，外形標準課税の対象外となる可能性がある。

☑ 会社分割により子会社を設立する場合，設立方法によって法人事業税に影響があることに留意する。

∙∙

A・解説 ∙∙

以下，設例で解説する。

(1) 前提条件

① ［ケース1］新設分割の場合

- 親会社（P社）が事業の一部を新設分割により移転し100％子会社（S社）を設立する。
- 分割対価は新設分割設立会社である子会社（S社）の株式のみである。
- 分割により移転する親会社（P社）の純資産（移転資産と負債の差額）の帳簿価額は3億円である。
- 親会社（P社）は外形標準課税の対象法人である。
- 子会社（S社）の株主資本は資本金1億円，その他資本剰余金2億円とす

る。
- 各社の純資産の内容は以下の図のとおりである。

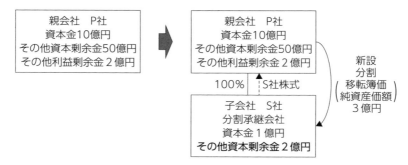

② ［ケース2］会社設立後に無対価吸収分割を行う場合
- 親会社（P社）が金銭出資1億円により子会社（S社）を設立する。
- その後，親会社（P社）が事業の一部を無対価吸収分割により100％子会社（S社）に移転する。
- 分割により移転する親会社（P社）の純資産（移転資産と負債の差額）の帳簿価額は2億円である。
- 親会社（P社）において減少させる株主資本の内訳はすべてその他利益剰余金とする。
- 親会社（P社）は外形標準課税の対象法人である。
- 各社の純資産の内容は以下の図のとおりである。

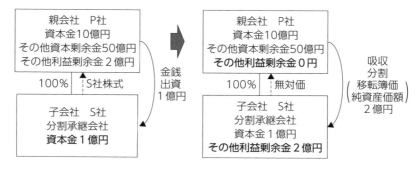

(2) 分割会社である親会社（P社）の会計処理

① ［ケース1］新設分割の場合

親会社（P社）が新設分割により100％子会社（S社）を設立する場合，分割会社である親会社（P社）は対価として新設分割設立会社の株式を取得する。当該株式の取得価額は移転した純資産の帳簿価額（3億円）となる。

【P社の仕訳】

（借）　S　社　株　式	3億円	（貸）　移　転　純　資　産 　　　　（資産・負債）	3億円

② ［ケース2］会社設立後に無対価吸収分割を行う場合

まず，親会社（P社）は1億円の金銭出資により子会社（S社）を設立し子会社株式を取得する。

【P社の仕訳】

（借）　S　社　株　式	1億円	（貸）　現　　預　　金	1億円

次に，無対価吸収分割により100％子会社（S社）に事業の一部を移転する。対価としての株式の取得がないため，移転事業に係る株主資本相当額2億円の減少を認識する。減少する株主資本の内訳は，取締役会等の会社の意思決定機関において定められた額とする。

本設例では，分割契約により減少させる株主資本の額をすべてその他利益剰余金として定めているため，分割会社である親会社（P社）のその他利益剰余金が2億円減少する。

【P社の仕訳】

（借）　その他利益剰余金	2億円	（貸）　移　転　純　資　産 　　　　（資産・負債）	2億円

(3) 分割承継会社である子会社（S社）の会計処理

① ［ケース1］新設分割の場合

　新設分割設立会社である子会社（S社）が分割会社である親会社（P社）から受け入れる資産および負債は，分割期日の前日に付された適正な帳簿価額により計上する。また，子会社（S社）が増加すべき株主資本は原則として新設分割計画の定めに従いそれぞれ定めた額とし，利益剰余金の額は零とする。

　本設例では，新設分割計画により増加させる株主資本の額のうち資本金を1億円，その他資本剰余金を2億円として定めているため，新設分割設立会社である子会社（S社）の資本金が1億円，その他資本剰余金が2億円増加することになる。

【S社の仕訳】

（借）　受 入 純 資 産 　　　　（資産・負債）	3億円	（貸）　資　　本　　金	1億円
		その他資本剰余金	2億円

② ［ケース2］会社設立後に無対価吸収分割を行う場合

　分割承継会社である子会社（S社）が分割会社である親会社（P社）から受け入れる資産および負債は，分割期日の前日に付された適正な帳簿価額により計上する。また，子会社（S社）が増加すべき株主資本については，株式の発行がないため，親会社（P社）が減少させた株主資本の内訳と連動することが求められている。

　本設例では，分割契約により親会社（P社）が減少させる株主資本の額をすべてその他利益剰余金として定めているため，子会社（S社）においては，その他利益剰余金が2億円増加する。

【S社の仕訳】

（借）　受 入 純 資 産 　　　　（資産・負債）	2億円	（貸）　その他利益剰余金	2億円

⑷ 外形標準課税の適用判定

① ［ケース１］新設分割の場合

本設例において，新設分割設立会社である子会社（S社）は，資本金と資本剰余金の合計額が３億円となる。その結果，特定法人の100％子会社であり，かつ，資本金と資本剰余金の合計額が２億円を超えるため，外形標準課税の対象となる。

② ［ケース２］会社設立後に無対価吸収分割を行う場合

本設例において，分割承継会社である子会社（S社）は，資本金１億円，資本剰余金０円，利益剰余金２億円となる。その結果，特定法人の100％子会社であるが，資本金１億円以下であり，かつ，資本金と資本剰余金の合計額が２億円以下となるため，外形標準課税の対象外となる。

以上のように，会社分割により親会社から子会社に事業の移転を行う場合には，分割の対価の有無により子会社側の受入れに係る会計処理が異なる可能性がある。令和６年度税制改正により外形標準課税の適用判定について資本剰余金の額も判定要素に加わったことから，組織再編成など資本取引が生じる場合において会計処理の選択肢が複数あるときには，その選択により税務計算に影響が生じる可能性がある。今後の実務においては，会計処理が税務に与える影響も念頭に入れたうえで検討を行う必要がある。

102

Q4-8 M&Aによりグループ外企業を子会社化した場合の影響

　M&Aによりグループ外企業を子会社化した場合における外形標準課税の適用への影響について教えてください。

POINT ・・・

☑　グループ企業内に特定法人が存在する場合において，資本金と資本剰余金の合計額が2億円を超えるグループ外の会社を100％子会社化するときは，当該100％子会社となる会社の外形標準課税の影響を考慮する必要がある。

☑　100％子会社が，外形標準課税の対象となる場合には，増加する税コストや付加価値割等が適切に計算できる体制が整っているかを検討する必要がある。

・・・

A・解　説・・・

　以下，設例で解説する。

(1)　設　　例

①　買収企業が特定法人である場合

- 特定法人に該当する親会社（P社）は令和8年（2026年）8月1日に資本金1億円，資本剰余金2億円のグループ外の会社（T社）の株式を100％取得した。

- P社，T社ともに3月決算の会社である。

　T社の事業年度末である令和9年（2027年）3月31日時点において，T社は特定法人P社による完全支配関係があり，T社の資本金および資本剰余金の合計額は2億円を超えることから，T社は令和9年3月期より外形標準課税の対象となる。

第4章 改正への実務対応 親会社規模判定に関する具体例 103

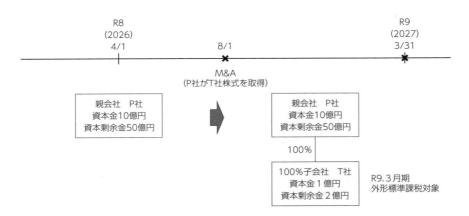

② 買収企業の親会社が特定法人である場合

- 特定法人に該当する親会社（P社）の100％子会社（S社）は，令和8年（2026年）8月1日に資本金1億円，資本剰余金2億円のグループ外の会社（T社）の株式を100％取得した。
- S社は資本金1億円であり，資本剰余金は0円である。
- 全社ともに3月決算の会社である。

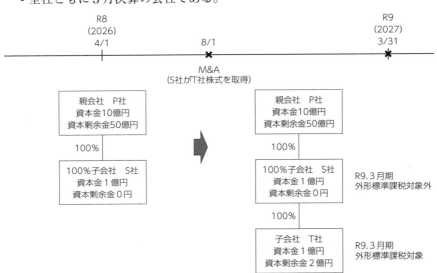

S社は，特定法人であるP社による完全支配関係があるが，資本金が1億円以下であり，資本金および資本剰余金の合計額も2億円以下であるため，外形標準課税の対象外である。これに対して，T社は，直接の親会社であるS社は外形標準課税の対象外の法人であるものの，当該S社を介して特定法人であるP社による完全支配関係がある。したがって，資本金および資本剰余金の合計額が2億円を超えるT社は，令和9年3月期より外形標準課税の対象となる。

(2)　M&Aへの影響

　グループ企業内に特定法人が存在する場合に，資本金と資本剰余金の合計額が2億円を超える会社を100％子会社化する場合には，設例のとおり被買収会社が買収後に外形標準課税の対象となる場合がある。そのような場合には，外形標準課税の対象となることによる税コストの増加額を考慮して買収価格の検討等を行うことが重要である。また，被買収会社において付加価値割の算定等に必要な情報を適切に集計できるよう買収会社との連携も含め体制整備を検討することが重要である。

第5章

付加価値割の計算

　本章では，外形標準課税のうち，付加価値割の計算方法について
確認する。

　付加価値割の課税標準は，収益配分額（報酬給与額，純支払利子
および純支払賃借料）と単年度損益の合計額であり，それぞれの計
算要素の集計範囲が主な論点とされる。また，課税標準額を減額す
る措置として雇用安定控除額のほか時限措置としての賃上げ促進税
制があり，適用もれのないように留意する必要がある。

106

Q5-1 計算方法

付加価値割の計算方法について教えてください。

POINT ･･

☑ 付加価値割の課税標準は付加価値額であり，収益配分額（報酬給与額，純支払利子，純支払賃借料の合計額）と単年度損益の合計額として計算される。

☑ 付加価値割は，付加価値額に税率を乗じることにより計算される。

･･･

A・解 説 ･･･

1 付加価値割の計算方法（地法72の14，72の24の7①一イ）

付加価値割は外形標準課税対象法人に対して課される法人事業税であり，法人の付加価値額を課税標準として，一定の税率を乗じることにより計算される。

課税標準となる付加価値額は，収益配分額（報酬給与額，純支払利子，純支払賃借料の合計額）と単年度損益の合計額である。つまり，法人の規模を測る指標として報酬給与，純支払利子，純支払賃借料という法人の支払額（収益配分額）を採用している。

報酬給与額 （地法72の15）	役員または使用人に対して労務の提供の対価として支出する報酬，給料，賃金，賞与，退職手当，確定給付企業年金等の掛金の合計額（労務提供者への配分額）
純支払利子 （地法72の16）	支払利子の額の合計額から受取利子の額の合計額を控除した金額（資金提供者への配分額）
純支払賃借料 （地法72の17）	支払賃借料の合計額から受取賃借料の合計額を控除した金額（土地・家屋の提供者への配分額）

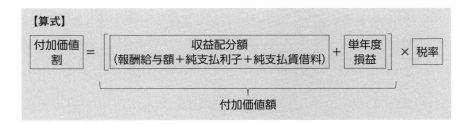

2 雇用安定控除の特例

付加価値額の計算上，収益配分額のうちに報酬給与額の占める割合が70％を超える場合に，雇用安定控除額を付加価値額から控除する取扱い（雇用安定控除の特例）がある（Q5-9，Q5-10参照）。

3 給与等の支給額が増加した場合の特例

平成27年度の税制改正において外形標準課税の拡大が図られ，付加価値割の税率が引き上げられた。付加価値割の税率引上げに伴う雇用削減等を防ぐため，法人税の計算において給与等の支給額が増加した場合の税額控除制度（賃上げ促進税制等）と同様の適用要件を満たす法人においては，付加価値額から給与等の増加額を控除できる取扱いが創設された。

なお，当該事業税における取扱いは，租税特別措置法における法人税の税額控除制度の改正に合わせて以下のとおり改正されている。

① 平成27年4月1日から平成30年3月31日までの間に開始する事業年度
　⇨雇用者給与等支給額が増加した場合の特例（所得拡大促進税制）
② 平成30年4月1日から令和3年3月31日までの間に開始する事業年度
　⇨給与等の引上げ及び設備投資を行った場合の特例（賃上げ・生産性向上のための税制）
③ 令和3年4月1日から令和4年3月31日までの間に開始する事業年度
　⇨新規雇用者給与等支給額が増加した場合の特例（人材確保等促進税制）

④　令和4年4月1日から令和9年3月31日までの間に開始する事業年度
　⇨給与等の支給が増加した場合の特例（賃上げ促進税制）（Q5-11参
　照）

4 ▎外国において事業を行う特定内国法人の特例

　内国法人が外国において恒久的施設を設けて事業を行う場合には，付加価値
割の課税標準の計算上，付加価値額の総額から当該恒久的施設に帰属する付加
価値額を控除する取扱いがある（Q5-12参照）。

5 ▎付加価値額計算における留意点

(1)　法人税の申告における調整額

　報酬給与額，純支払利子または純支払賃借料は，原則として，法人が支払う
給与，利子または賃借料のうち当該事業年度の法人税の所得の計算上損金の額
に算入されるものに限られる。

　そのため，法人の会計処理において費用計上されている金額のうち，法人税
の課税所得計算において損金不算入としている金額は付加価値額の計算に含め
ないこととなる。

　一方で，法人の会計処理において事業年度の費用に計上されていない金額で
あっても，法人税の課税所得計算において事業年度の損金に算入されている場
合には，付加価値額の計算に含めることとなる。

　よって，会計上の費用処理と法人税の損金算入のタイミングが異なる項目や
法人税の計算上損金に算入されない項目については会計帳簿の金額に調整を加
えて付加価値額の算定を行う必要がある。

(2)　消費税の取扱い

　報酬給与額，純支払利子または純支払賃借料の計算にあたっては，消費税お
よび地方消費税を除いた金額を基礎とする。例えば，派遣契約料に消費税等が

第5章　付加価値割の計算　109

含まれている場合（Q5-3参照）には，派遣契約料から当該消費税等相当額を控除した額に75％を乗じた額が派遣先法人の報酬給与額となる。

消費税の控除に関しては，令和5年10月1日から開始された適格請求書等保存方式（インボイス制度）に伴い，以下の留意点が「地方税法の施行に関する取扱いについて（道府県税関係）」に追加されており，適格請求書発行事業者以外の者からの課税仕入れに係る取引についての取扱いが明確にされている（通知（県）3章4の1の3）。

> なお，消費税等の額の控除に当たって，次の諸点に留意すること。
> (1) 国内において行った消費税法（昭和63年法律第108号）第2条第1項第7号の2に規定する適格請求書発行事業者（(2)及び(3)において「適格請求書発行事業者」という。）以外の者から行った同項第12号に規定する課税仕入れ（同法第5条第1項に規定する特定課税仕入れ並びに消費税法施行令（昭和63年政令第360号）第46条第1項第5号及び第6号に掲げる課税仕入れを除く。(2)及び(3)において「課税仕入れ」という。）に係る取引（その取引の対価の額が収益配分額に含まれるものに限る。以下4の1の3において同じ。）について税抜経理方式（消費税等の額とこれに係る取引の対価の額とを区分して経理をする方式をいう。）で経理をしている場合であっても，その取引の対価の額と区分して経理をした消費税等の額に相当する金額を収益配分額に含めることになることに留意すること。
> (2) 令和5年10月1日から令和8年9月30日までの間に国内において適格請求書発行事業者以外の者から行った課税仕入れに係る取引を行った場合において，当該課税仕入れにつき，所得税法等の一部を改正する法律（平成28年法律第15号。以下(2)及び(3)において「平成28年所得税法等改正法」という。）附則第52条第1項（消費税法施行令等の一部を改正する政令（平成30年政令第135号。(3)において「平成30年改正令」という。）附則第22条第3項又は第4項の規定により読み替えて適用する場合を含

む。以下(2)において同じ。）の規定の適用を受けるときは，(1)の規定に
かかわらず，収益配分額の計算に当たって，平成28年所得税法等改正法
附則第52条第1項の規定により課税仕入れに係る消費税額とみなされる
金額及び当該課税仕入れに係る消費税額とみなされる金額に係る地方消
費税に相当する金額の合計額を控除すること。

(3) 令和8年10月1日から令和11年9月30日までの間に国内において適格
請求書発行事業者以外の者から行った課税仕入れに係る取引を行った場
合において，当該課税仕入れにつき，平成28年所得税法等改正法附則第
53条第1項（平成30年改正令附則第23条第3項又は第4項の規定により
読み替えて適用する場合を含む。以下(3)において同じ。）の規定の適用
を受けるときは，(1)の規定にかかわらず，収益配分額の計算に当たって，
平成28年所得税法等改正法附則第53条第1項の規定により課税仕入れに
係る消費税額とみなされる金額及び当該課税仕入れに係る消費税額とみ
なされる金額に係る地方消費税に相当する金額の合計額を控除すること。

第5章　付加価値割の計算　111

Q5-2 報酬給与額

報酬給与額の計算方法について教えてください。

POINT ・・・

☑　報酬給与額とは，法人がその役員または使用人に対して支出する報酬，給
　与等の金額とその役員または使用人のために支出する確定給付企業年金の
　掛金等の合計額である。

☑　報酬給与額は，原則として法人税の所得の計算上損金の額に算入されるも
　のに限られる。ただし，棚卸資産等に係るものについては実際に支出した
　事業年度の報酬給与額に算入する。

・・

A・解 説・・・

1 報酬給与額の範囲 （地法72の15①）

付加価値割の課税標準である付加価値額の計算における報酬給与額は，次に
掲げる金額の合計額である。

> ①　法人が各事業年度においてその役員または使用人に対する報酬，給料，
> 　賃金，賞与，退職手当その他これらの性質を有する給与として支出する
> 　金額の合計額
> ②　法人が各事業年度においてその役員または使用人のために支出する確
> 　定給付企業年金等の掛金等（これに類するものを含む。）の金額の合計
> 　額

2 報酬，給与等に含まれるもの

報酬給与額は雇用関係またはこれに準ずる関係に基づく労務の提供の対価と

して支払われるものをいい，原則として所得税法において給与所得または退職所得とされるものをいう。

主な留意点は以下のとおりである。

① 定期・定額で支給されるものと不定期・業績比例で支給されるものとを問わない（通知（県）3章4の2の1）。

② 給料，手当，賞与等その名称を問わない（通知（県）3章4の2の1）。

③ 報酬給与額の対象となる役員または使用人には，非常勤役員，契約社員，パートタイマー，アルバイトまたは臨時雇いその他名称を問わず，雇用関係またはこれに準ずる関係に基づき労務の提供を行う者のすべてが含まれる（通知（県）3章4の2の2）。

④ いわゆる企業内年金制度に基づく年金や，死亡した者に係る給料・退職金等で遺族に支払われるものについては，その性格が給与としての性質を有すると認められることから，所得税において給与所得または退職所得とされない場合であっても，報酬給与額として取り扱う（通知（県）3章4の2の3）。

⑤ 現物給与は所得税において給与所得または退職所得として課税され，かつ，法人税の所得の計算上損金の額に算入される場合に限り，報酬給与額に含まれる。ただし，法人が賃借している土地や家屋をその法人の役員または使用人に社宅等として賃貸している場合には，付加価値額の計算上は純支払賃借料の計算に加味されていることから，報酬給与額に含めない（通知（県）3章4の2の6）。

⑥ 通勤手当や国外勤務者の在勤手当は原則として報酬給与額に含まれないが，所得税法上の非課税限度額を超える部分については報酬給与額に含まれる（地令20の2の2，通知（県）3章4の2の8）。

⑦ 請負契約に係る代金は，労務の提供の対価ではなく，仕事の完成に対する対価であることから，報酬給与額に含めないものとすること。なお，

名目上請負契約とされている場合であっても，仕事を請け負った法人が当該請負契約に係る業務を行っているとは認められず，当該請負法人と注文者である法人が当該業務において一体となっていると認められるときは，当該請負法人の使用人に対する労務の提供の対価に相当する金額は，注文者である法人の報酬給与額として取り扱う（通知（県）3章4の2の5）。

⑧　法人が，自己を契約者とし，役員または使用人（これらの者の親族を含む。）を被保険者とする養老保険，定期保険または定期付養老保険等に加入してその保険料を支払う場合には，当該保険料の額のうち所得税において給与所得または退職所得として課税されるものは報酬給与額とする（通知（県）3章4の2の7）。

3 ▎ 報酬，給与等の計算上の留意事例

(1) 法人税の計算において損金の額に算入されないもの

各事業年度の報酬給与額は，その事業年度の法人税の所得の金額の計算上損金の額に算入されるものに限られている。したがって，役員給与の損金不算入や特殊関係使用人の使用人給与損金不算入の規定により損金の額に算入されないものは，報酬給与額に含まれない。

(2) 報酬給与額の計上時期

報酬給与額の計上時期は原則として法人税の所得の計算における損金算入の時期と一致することになるが，資産計上された支払について損金算入時期の把握は事務負担が大きいため，棚卸資産，有価証券，固定資産，繰延資産に係るものについては，支払事業年度において報酬給与額に含めることとされている（地法72の15①，地令20の2①）。

(3) 退職給付引当金の繰入額

法人税の所得の計算においては，退職給付引当金に繰り入れた金額は，繰入れを行った事業年度において損金には算入されず，実際に従業員等に退職金として支払を行った事業年度において損金の額に算入される。そのため，支払を行った事業年度の報酬給与額に含める。

(4) 弁護士報酬の取扱い

弁護士との顧問業務の形態により取扱いが異なり，報酬が弁護士の所得税の計算において給与所得に該当する場合には，支払った報酬の金額を報酬給与額に含める。

一方，事業所得に該当する場合には，支払った報酬の金額は報酬給与額に含めない。

(5) 産業医の報酬の取扱い

個人の医師を産業医として選任し，当該個人に報酬を支払う場合には，委託契約であっても所得税の計算において原則として給与所得とされるため，支払った報酬の金額を報酬給与額に含める。

一方，医療法人等との間の契約に基づき，当該医療法人等の勤務医の派遣を受け，派遣元の医療法人等に産業医報酬を支払う場合には，請負の対価であるため，支払った報酬の金額は報酬給与額に含めない。

(6) 所得税の課税対象となる経済的利益の供与

法人が従業員に対して金銭以外の物または権利その他の経済的利益を供与する場合，所得税の計算において給与所得または退職所得として課税され，かつ，法人税の所得の計算上損金の額に算入される場合に限り，当該金額は報酬給与額に含まれる。

例えば，以下のような給付についても前述の条件を満たす場合には報酬給与額に含める。

第5章　付加価値割の計算　115

- 持株会奨励金の支給
- 財形奨励金の支給
- 永年勤続表彰金の支給
- 旅行券・商品券等の支給
- 株式報酬の支給

⑺　法定福利費の取扱い

　法定福利費の事業主負担分については，社会政策の観点上，その拠出が各法令で事業主に義務付けられた公的負担であるという点から，任意に拠出される給与等や確定給付企業年金等の掛金とはその性質が異なるため，報酬給与額には含めない。

　法定福利費の例としては，健康保険，介護保険，厚生年金，雇用保険および労働者災害補償保険等の保険料が挙げられる。

⑻　休業手当と休業補償の取扱い

　休業手当とは，使用者の責めに帰すべき理由によって従業者を休業させるときに，当該従業者に支払わなければならない手当をいい，休業補償とは，従業者が業務上の負傷等による療養のために仕事をすることができず，給与を受けることができない場合に，当該従業者に支払わなければならないものをいう。

　休業手当は，所得税の計算において給与所得として課税されるため，報酬給与額に含める。

　一方，休業補償は，所得税が非課税であり，報酬給与額に含めない。

⑼　株式報酬型のストックオプション

　会社が役務の提供の対価として譲渡制限付新株予約権を交付する場合で以下のいずれかの条件に該当するものは特定新株予約権に該当し，付与を受けた個人に給与等課税事由が生じた日において役務提供を受けたものとして株式報酬

の額が損金に算入される。

　法人税の所得の計算上，損金の額に算入される株式報酬額については報酬給与額に含める。

- 譲渡制限付新株予約権と引換えにする払込みに代えて役務の提供の対価として個人に生ずる債権をもって相殺されること。
- 譲渡制限付新株予約権が実質的に当該役務の提供の対価と認められるものであること。

---

4 掛金等に含まれるもの

　報酬給与額に含まれる「役員又は使用人のために支出する確定給付企業年金等の掛金等（これに類するものを含む。）」とは，以下に掲げるものをいう（地法72の15①二，地令20の2の3，通知（県）3章4の2の9）。

---

① 独立行政法人勤労者退職金共済機構または特定退職金共済団体が行う退職金共済制度に基づいてその被共済者のために支出する掛金（特定退職金共済団体の要件に反して支出する掛金を除くものとし，中小企業退職金共済法第53条（従前の積立事業についての取扱い）の規定により独立行政法人退職金共済機構に納付する金額を含む。）

② 確定給付企業年金法に規定する確定給付企業年金に係る規約に基づいて加入者のために支出する掛金等（当該掛金等のうちに加入者が負担する掛金が含まれている場合には当該加入者が負担する掛金相当額を除くものとし，積立不足に伴い拠出する掛金，実施事業所の増減に伴い拠出する掛金，確定給付企業年金の終了に伴い一括して拠出する掛金，資産の移管に伴い一括して拠出する掛金および積立金の額が給付に関する事業に要する費用に不足する場合に拠出する掛金を含む。）

③ 確定拠出年金法に規定する企業型年金規約に基づいて企業型年金加入者のために支出する同法第3条第3項第7号に規定する事業主掛金（同

第5章　付加価値割の計算　117

法第54条第1項の規定により移換する確定拠出年金法施行令第22条第1項第5号に掲げる資産を含む。)

④　確定拠出年金法に規定する個人型年金規約に基づいて個人型年金加入者のために支出する同法第68条の2第1項の掛金

⑤　勤労者財産形成促進法に規定する勤労者財産形成給付金契約に基づいて信託の受益者等のために支出する同法第6条の2第1項第1号に規定する信託金等

⑥　勤労者財産形成促進法に規定する勤労者財産形成基金契約に基づいて,信託の受益者等のために支出する信託金等および同法第6条の3第3項第2号に規定する勤労者について支出する同項第1号に規定する預入金等の払込みに充てるために同法第7条の20の規定により支出する金銭

⑦　厚生年金基金(公的年金制度の健全性及び信頼性の確保のための厚生年金保険法等の一部を改正する法律(以下「平成25年厚生年金等改正法」という。)附則第3条第12号に規定する厚生年金基金をいう。)の事業主として負担する平成26年4月1日前の期間に係る掛金等(いわゆる厚生年金代行部分を除く。以下⑦において同じ。)および存続厚生年金基金(平成25年厚生年金等改正法附則第3条第11号に規定する存続厚生年金基金をいう。)の事業主として負担する掛金等

⑧　法人税法附則第20条第3項に規定する適格退職年金契約に基づいて支出する掛金等(当該掛金等のうちに受益者等が負担する掛金等が含まれている場合における当該受益者等が負担する掛金等相当額を除くものとし,また,適格退職年金契約の要件に反して支出する掛金等を除く。)

なお,掛金等の集計範囲に関しては,以下の留意点がある。

• 特定退職金共済団体の要件に反して支出する掛金または適格退職年金契約の要件に反して支出する掛金等は,地方税法第72条の15第1項第2号の掛金等には該当しないものであるが,所得税においてその拠出段階で

給与所得または退職所得として課税されることから，拠出する事業年度における報酬給与額となる（通知（県）3章4の2の10）。

- 法人が役員または使用人のために支出する掛金等のうち次に掲げるものは報酬給与額とならない（通知（県）3章4の2の11）。
  (1) 厚生年金基金制度への移行に伴う積立金の移管に係る金額
  (2) 確定給付企業年金制度への移行に伴う積立金の移管に係る金額
  (3) 転籍等に伴う適格退職年金制度間の積立金の移管に係る金額
  (4) 特定退職金共済制度への移行に伴う積立金の移管に係る金額
  (5) 運用機関間の積立金の移管に係る金額
  (6) 企業型確定拠出年金への移行に伴う積立金の移管に係る金額
  (7) (6)の移管の場合において，いったん返還された金額のうち適格退職年金に係る過去勤務債務等の現在額に充てる額
- 年金給付および一時金等の給付に充てるため以外の目的で支出する事務費掛金等は，報酬給与額に含めない（通知（県）3章4の2の12）。
- 退職給付信託を設定し，当該信託財産より確定給付企業年金契約の掛金等が拠出された場合には，当該退職給付信託を設定した法人により掛金等の支払が行われたものとして取り扱う（通知（県）3章4の2の13）。

第5章　付加価値割の計算　119

Q5-3　労働者派遣を受けている場合の取扱い

労働者派遣を受けている場合の取扱いを教えてください。

POINT ....
☑　労働者派遣契約に基づき労働者の派遣を受けた場合には，その派遣契約に
　　係る支払額の75％を報酬給与額に含める。

....

A・解 説 ....

1 ┃ 労働者派遣を受けた場合の取扱い（地法72の15②，通知（県）3章4の2の15）

　法人が労働者派遣事業の適正な運営の確保および派遣労働者の保護等に関する法律または船員職業安定法に規定する労働者派遣契約または船員派遣契約に基づき，労働者派遣もしくは船員派遣の役務提供を受けた場合，派遣元法人へ支払う派遣契約料の75％に相当する金額を報酬給与額の計算に含める。

　なお，報酬給与額の計算に含める派遣契約料はその事業年度の法人税の所得の計算上損金の額に算入されるものに限る。

　また，派遣契約料には派遣労働者に係る旅費等が含まれる。

Q5-4 労働者派遣をしている場合の取扱い

労働者派遣をしている場合の取扱いを教えてください。

POINT ・・

☑ 労働者派遣契約に基づき労働者を派遣した場合には，派遣労働者に支払う
給与等の額を報酬給与額に含めたうえで，派遣契約に基づき支払を受ける
金額の75％（ただし，当該派遣労働者に支払う給与等の額を限度とする。）
を報酬給与額から控除する。

・・・

A・解 説 ・・

1 労働者派遣をした場合の取扱い（地法72の15②，通知（県）3章4の2の15）

　法人が労働者派遣事業の適正な運営の確保および派遣労働者の保護等に関する法律または船員職業安定法に規定する労働者派遣契約または船員派遣契約に基づき，労働者派遣もしくは船員派遣をした場合，派遣先法人から受け取る派遣契約料の75％に相当する金額（当該派遣労働者または派遣船員に支払う給与等の額を限度とする。）を報酬給与額の計算から除外する。

　ただし，派遣労働者もしくは派遣船員が派遣元法人の業務にも従事している場合には，当該派遣元法人に対する役務提供の対価等については報酬給与額から除外する金額の計算に含めない。

　なお，派遣労働と他の労働を併せて行った派遣労働者もしくは派遣船員に対して支払う給与の額のうち，派遣労働に係る対価についての区分やその算定が困難であるときは，労働時間や工数等の合理的な基準で按分し，派遣労働に係る報酬給与額を算定する。

第5章　付加価値割の計算　121

　報酬給与額の計算から除外する派遣契約料はその事業年度の法人税の所得の計算上益金の額に算入されるものに限る。

　また，派遣契約料には派遣労働者に係る旅費等が含まれる。

Q5-5 出向者に関する取扱い

出向者に関する取扱いを教えてください。

POINT ･･

☑ 出向者がいる場合のその出向者に対する給与等については，その給与等を
実質的に負担している法人の報酬給与額に含める。

･･

A・解 説 ･･･

1 出向者に係る給与等の取扱い（通知（県）3章4の2の14）

　法人の役員または使用人が他の法人に出向した場合において，当該出向した
役員または使用人の給与（退職給与その他これに類するものを除く。）につい
ては，当該給与の実質的負担者の報酬給与額とされる。

　出向者の退職給与その他これに類するものについては，当該退職給与その他
これに類するものの形式的支払者の報酬給与額として計算される。

(1) 出向先法人が支払う給与負担金

　出向者に対する給与を出向元法人が支給することとしているため，出向先法
人が自己の負担すべき給与に相当する金額（経営指導料等の名義で支出する金
額を含む。）を出向元法人に支出したときは，当該給与負担金は，出向先法人
における報酬給与額として取り扱う。なお，当該給与負担金に相当する額は，
出向元法人の報酬給与額として取り扱わない。

(2) 出向元法人が支払う較差補てん金

　出向元法人が出向先法人との給与条件の較差を補てんするため出向者に対し
て支給した給与（出向先法人を経て支給した金額を含む。）は，当該出向元法

人における報酬給与額として取り扱う。したがって，例えば，出向先法人が経営不振等で出向者に賞与を支給することができないため出向元法人が当該出向者に対して支給する賞与の額は，当該出向元法人における報酬給与額となる。

(3)　出向先法人が支払う退職給与負担金

　出向先法人が，出向元法人に対して，出向者に支給すべき退職給与その他これに類するものの額に充てるため，あらかじめ定めた負担区分に基づき，当該出向者の出向期間に対応する退職給与の額として合理的に計算された金額を定期的に支出している場合には，その支出する金額は当該出向先法人の報酬給与額として取り扱わないものとする。

　ただし，出向元法人が確定給付企業年金契約等を締結している場合において，出向先法人があらかじめ定めた負担区分に基づきその出向者に係る掛金，保険料等（過去勤務債務等に係る掛金及び保険料等を含む。）の額を出向元法人に支出したときは，当該支出した金額は当該出向先法人の報酬給与額として取り扱う。

Q5-6 純支払利子

純支払利子の計算方法について教えてください。

POINT ··

☑ 純支払利子の金額は，その事業年度の支払利子の合計額から受取利子の合計額を控除することにより計算する。

··

A・解 説 ··

1 純支払利子の計算方法（地法72の16①）

付加価値割の課税標準である付加価値額の計算における純支払利子は，その事業年度の支払利子の額の合計額から受取利子の額の合計額を控除することにより計算される。

なお，受取利子の額の合計額が支払利子の額の合計額を超える場合，純支払利子の額は0となる（マイナス分を報酬給与額や純支払賃借料と相殺することはできない。）。

【算式】

$$\underset{\text{（マイナスの場合は0）}}{\text{純支払利子}} = \underset{\text{の 合 計 額}}{\text{支払利子の額}} - \underset{\text{の 合 計 額}}{\text{受取利子の額}}$$

2 支払利子の範囲（地法72の16②，地令20の2の5～20の2の6）

純支払利子の計算における支払利子の範囲は，基本的には法人税法の受取配当等の益金不算入の規定における「負債の利子」と同様であるが，外形標準課税特有のものとして，利子税や保険契約に係る利子相当分などその取扱いが異なるものがある。外形標準課税において，支払利子として取り扱われるものの主な具体例は以下のとおりである（通知（県）3章4の3の1）。

第5章　付加価値割の計算　125

- 借入金の利息
- 社債の利息
- 社債の発行その他の事由により金銭債務に係る債務者となった場合に，当該金銭債務に係る収入額がその債務額に満たないときにおけるその満たない部分の金額（法人税法の規定により損金の額に算入されるものに限る。）
- コマーシャル・ペーパーの券面価額から発行価額を控除した金額
- 受取手形の手形金額と当該受取手形の割引による受領金額との差額を手形売却損として処理している場合の当該差額（手形に含まれる金利相当額を会計上別処理する方式を採用している場合には，手形売却損として帳簿上計上していない部分を含む。）
- 買掛金を手形によって支払った場合において，相手方に対して当該手形の割引料を負担したときにおける当該負担した割引料
- 従業員預り金，営業保証金，敷金その他これらに準ずる預り金の利息
- 金融機関の預金利息
- コールマネーの利息
- 信用取引に係る利息
- 現先取引および現金担保付債券貸借取引に係る利息相当額
- 利子税ならびに延滞金（法人税法の規定により損金の額に算入されるものに限る。）

3 ┃ 受取利子の範囲（地法72の16③，地令20の2の7）

　受取利子とは，法人が支払を受ける利子をいい，基本的には支払利子の範囲と同じである。外形標準課税において，受取利子として取り扱われるものの主な具体例は以下のとおりである（通知（県）3章4の3の2）。

- 貸付金の利息

- 国債，地方債および社債の利息
- 償還有価証券（コマーシャル・ペーパーを含む。）の調整差益
- 売掛金を手形によって受け取った場合において，相手方が当該手形の割引料を負担したときにおける当該負担した割引料
- 営業保証金，敷金その他これらに準ずる預け金の利息
- 金融機関等の預貯金利息および給付補てん備金
- コールローンの利息
- 信用事業を営む協同組合等から受ける事業分量配当のうち当該協同組合等が受け入れる預貯金（定期積金を含む。）の額に応じて分配されるもの
- 相互会社から支払を受ける基金利息
- 生命保険契約（共済契約で当該保険契約に準ずるものを含む。）に係る据置配当の額および未収の契約者配当の額に付されている利息相当額
- 損害保険契約のうち保険期間の満了後満期返戻金を支払う旨の特約がされているもの（共済契約で当該保険契約に準ずるものを含む。）に係る据置配当の額および未収の契約者配当の額に付されている利息相当額
- 信用取引に係る利息
- 合同運用信託，公社債投資信託および公募公社債等運用投資信託の収益として分配されるもの
- 現先取引および現金担保付債券貸借取引に係る利息相当額
- 還付加算金

4 純支払利子の計算に際しての留意点

(1) 支払利息の計上時期

　支払利息の計上時期は，原則として法人税の所得の計算における損金算入時期と一致する。ただし，製造原価を構成する支払利息などで，棚卸資産に計上されるものに関しては，法人税の所得計算上，損金の額に算入されていなくて

第5章　付加価値割の計算　**127**

も，外形標準課税の計算上は，支払事業年度の支払利息に含まれることになる。

(2)　金利スワップ

金利の変動に伴って生ずるおそれのある損失を減少させる目的で繰延ヘッジ処理を行っている場合または特例金利スワップ取引等を行っている場合の支払利子または受取利子の計算は，当該繰延ヘッジ処理による繰延ヘッジ金額に係る損益の額または特例金利スワップ取引等に係る受払額のうち，当該繰延ヘッジ処理または特例金利スワップ取引等の対象となった資産等に係る支払利子の額または受取利子の額に対応する部分の金額を加算または減算した後の金額を基礎として支払利子または受取利子に含める（通知（県）3章4の3の3）。

(3)　リース取引

リース取引のうち，法人税法上資産の売買とされるリース取引および金銭貸借とされるリース取引に係る支払リース料に含まれる利息相当額は純支払利子に算入される。

一方，法人税法上賃貸借取引となるようなリース取引に係る支払リース料に含まれる利息相当額は純支払利子に含めない。

資産の売買とされるリース取引に関して，契約書において賃貸人による取得価額と利息相当額が明確かつ合理的に区分されている場合は，当該利息相当額が支払利子または受取利子になる。契約書に利息相当額の区分がない場合でも，会計処理において，合理的な見積金額により，リース資産の取得価額と利息相当額を区分し，会計処理に沿った法人税の取扱いにより利息相当額が区分され，損金の額または益金の額に算入される場合には，支払利子または受取利子に含める（通知（県）3章4の3の4～4の3の6）。

(4)　資産除去債務に係る利息費用

資産除去債務に係る利息費用は，将来発生する資産の除去に係る費用を見積計上したものであり，現実にその対象となる元本や債権者が存在するものでは

なく，原則として法人税の所得の計算において損金算入されず，法人が支払う負債の利子に該当しないため，支払利子には含まれない。

(5) 利子税・延滞金の取扱い

申告期限の延長に係る利子税および延滞金（約定利息としての性質を有するもの）については，法人税の所得の計算において損金算入されるため，支払利子の対象となる。

一方，不申告や納期限後の納付に係る延滞金（遅延利息としての性質を有するもの）については，法人税の所得の計算において損金算入されないため，支払利子には含まれない。

(6) 遅延損害金の取扱い

遅延損害金（借入金の返済が遅れた場合に，遅延期間に応じて一定の利率に基づいて算定したうえで支払うものをいう。）は，利子の割り増し分の性格を有することから，支払利子および受取利子として取り扱う（通知（県）3章4の3の8）。

第5章　付加価値割の計算　129

Q5-7 純支払賃借料

純支払賃借料の計算方法について教えてください。

POINT ･･
☑ 純支払賃借料の金額は，その事業年度の支払賃借料の合計額から受取賃借料の合計額を控除することにより計算する。

･･

A･解 説 ･･･

1 純支払賃借料の計算方法（地法72の17の①）

付加価値割の課税標準である付加価値額の計算における純支払賃借料は，その事業年度の支払賃借料の額の合計額から受取賃借料の額の合計額を控除することにより計算される。

なお，受取賃借料の額の合計額が支払賃借料の額の合計額を超える場合，純支払賃借料の額は0となる（マイナス分を報酬給与額や純支払利子と相殺することはできない。）。

【算式】

$$\begin{matrix} 純支払賃借料 \\ （マイナスの場合は0） \end{matrix} = \begin{matrix} 支払賃借料の額 \\ の合計額 \end{matrix} - \begin{matrix} 受取賃借料の額 \\ の合計額 \end{matrix}$$

2 支払賃借料および受取賃借料の範囲（地法72の17の②③，地令20の2の8，20の2の9）

支払賃借料は，土地または家屋（住宅，店舗，工場，倉庫その他の建物，これらと一体となって効用を果たす構築物および附属設備を含む。）の賃借権，地上権等で使用・収益できる期間が連続して1月以上であるもの（以下「賃借権等」という。）の対価として支払う金額で，法人税の所得の計算上，損金の

額に算入されるものに限る。

受取賃借料は，賃借権等の対価として支払を受ける金額で，法人税の所得の金額の計算上，益金の額に算入されるものに限る。

3 │ 純支払賃借料の計算に際しての留意点

(1) 支払賃借料の計上時期

支払賃借料の計上時期は，原則として法人税の所得の計算における損金算入時期と一致する。ただし，製造原価を構成する支払賃借料などで，棚卸資産に計上されるものに関しては，法人税の所得の計算上，損金の額に算入されていなくても，外形標準課税の計算上は，支払事業年度の支払賃借料に含まれることになる。

(2) 借り上げ社宅の賃料の取扱い

法人が賃借している土地または家屋を当該法人の役員または使用人に社宅等として賃貸している場合には，当該法人が支払う賃借料は当該法人の支払賃借料となり，役員または使用人から支払を受ける賃借料は当該法人の受取賃借料となる（通知（県）3章4の4の1，4の4の9①）。

(3) 保管料の取扱い

荷物の保管料については，契約等において1月以上荷物を預け，一定の土地または家屋を使用または収益していると認められる場合には，土地または家屋の賃借権等の対価の額に当たるものとして支払賃借料または受取賃借料となる（通知（県）3章4の4の1，4の4の9⑤）。

(4) 共益費の取扱い

土地または家屋の賃借権等に係る契約等において，水道光熱費，管理人費その他の維持費を共益費等として支払っており，賃借料と当該共益費等とが明確かつ合理的に区分されている場合には，当該共益費等は支払賃借料および受取

賃借料として取り扱わない（通知（県）3章4の4の1，4の4の9⑦）。

(5) 構築物または附属設備の取扱い

　支払賃借料および受取賃借料の対象となる土地または家屋には，これらと一体となって効用を果たす構築物または附属設備が含まれるとされている。

　よって，土地または家屋に構築物が定着し，または設備が附属し，かつ，土地または家屋とこれらの構築物等が一体となって取引されている場合には，これらの構築物等は支払賃借料および受取賃借料の対象となる土地または家屋に含むこととなる。

　したがって，土地または家屋の賃貸借契約と構築物等の賃貸借契約とが別個の独立した契約である場合には，当該構築物等の賃借料は支払賃借料および受取賃借料とはならない。ただし，形式的に土地または家屋の賃貸借契約と構築物等の賃貸借契約とが別個の契約とされている場合であっても，当該構築物等と土地または家屋とが物理的に一体となっている場合など，当該構築物等と土地または家屋とが独立して賃貸借されないと認められるときは，当該構築物等の賃借料は支払賃借料および受取賃借料となる。

　例えば，立体駐車場等の賃借料については，当該立体駐車場等が固定資産税において家屋に該当しないものであっても，当該立体駐車場等が土地と一体となっていると認められる場合には，土地または家屋の賃借権等の対価の額に当たるものとして支払賃借料および受取賃借料として取り扱うことがある。

　また，法人が自ら保有し，または賃借している土地または家屋に，構築物または附属設備を別途賃借して設置した場合の当該構築物等の賃借料は，原則として土地または家屋との一体性が認められないため，当該法人の支払賃借料および構築物等を賃貸した者の受取賃借料とならない（地法72の17の②③，通知（県）3章4の4の1，4の4の9②③）。

(6) リース料の取扱い

　法人税法上，賃貸借取引となるようなリース取引に係る支払リース料で，土

地および家屋の使用の対価に相当する部分は純支払賃借料の対象となる（通知（県）3章4の4の9⑧）。

(7) フリーレント

　家屋の賃貸借契約においては，契約期間のうち入居後の一定期間について賃料を無料とする条項が付される場合があり，フリーレントと呼ばれる。

　フリーレント期間の賃料については，賃貸借契約の内容により複数の会計処理が想定される。付加価値額の算定においては，会計処理の方法にかかわらず法人税の所得の計算上，損金の額または益金の額に算入されるものに限り支払賃借料または受取賃借料に含める。

第5章　付加価値割の計算　133

Q5-8　単年度損益

単年度損益の計算方法について教えてください。

POINT ··

☑　単年度損益は，地方税法に特別の定めがある場合を除き，各事業年度の所得に対する法人税の課税標準である各事業年度の所得の金額の計算の例によって算定される。

☑　単年度損益の計算においては，欠損金額の繰越控除の規定の適用はない等，所得割の課税標準における所得の計算とは計算方法が異なる。

··

A・解 説··

1 ▎単年度損益の計算方法（地法72の18，地令20の2の13，20の2の15，20の2の17）

各事業年度の単年度損益の算定は，地方税法に特別の定めがある場合を除き，法人税の課税標準である所得の計算の例によって算定する。所得割の課税標準である所得の計算も同様の計算方法であるが，特段の定めの範囲が単年度損益の計算と所得割の課税標準の計算で異なることから両者は一致しないことがある。

なお，単年度損益の計算においては，地方税法に特別の定めとして法人税法および租税特別措置法の以下の規定は適用しないこととされている。

法人税法第27条	中間申告における繰戻しによる還付に係る災害損失欠損金額の益金算入
法人税法第57条	欠損金の繰越し
法人税法第57条の2	特定株主等によって支配された欠損等法人の欠損金の繰越しの不適用

法人税法第59条第5項	通算法人に再生手続開始決定等があった場合の欠損金の損金算入
法人税法第64条の5	損益通算
法人税法第64条の8	通算法人の合併等があった場合の欠損金の損金算入
租税特別措置法第55条（同条第1項および第8項に規定する特定株式等で政令に定めるものに係る部分を除く。）	海外投資等損失準備金
租税特別措置法第59条の2	対外船舶運航事業を営む法人の日本船舶による収入金額の課税の特例
租税特別措置法第66条の5の3（第2項に係る部分を除く。）	超過利子額（損金不算入額の繰越額）の損金算入

　また，地方税法施行令において単年度損益算定上，以下の特例が定められている。

地方税法施行令第20条の2の12	評価損益の計上のない民事再生等の場合の欠損金額の範囲の特例等
地方税法施行令第20条の2の13	損金の額に算入した所得税額がある法人の単年度損益の算定の特例
地方税法施行令第20条の2の14	損金の額に算入した分配時調整外国税相当額がある法人の単年度損益の算定の特例
地方税法施行令第20条の2の15	単年度損益に係る寄附金の損金算入限度額
地方税法施行令第20条の2の16	特定事業活動として特別新事業開拓事業者の株式の取得をした場合の単年度損益の算定の特例
地方税法施行令第20条の2の17	単年度損益に係る法人の外国税額の損金算入

2 付加価値額の計算における単年度損益

　付加価値額の計算上，単年度損益がプラスの場合は，収益配分額（報酬給与額，純支払利子額，純支払賃借料の合計額）に加算し，マイナスの場合は，収

第5章　付加価値割の計算　135

益配分額から減算する。この場合において，単年度損益のマイナス額が収益配分額を超える場合には，付加価値額は0となり，結果的に付加価値割の金額も0となる。

　なお，単年度損益のマイナス額が収益配分額を超える部分の金額に関しては，翌事業年度に繰り越して控除することはできず，切り捨てられることとなる。

Q5-9 雇用安定控除額

雇用安定控除の仕組みについて教えてください。

POINT ....

☑ 雇用安定控除は収益配分額に占める報酬給与額の割合が一定以上の法人に対する配慮措置である。

☑ 雇用安定控除が適用される場合は付加価値額から一定額を控除することができる。

....

A・解 説 ....

1 ▎雇用安定控除の仕組み（地法72の20①）

雇用安定控除は，付加価値額の計算上における収益配分額（報酬給与額，純支払利子，純支払賃借料の合計額）に占める報酬給与額の割合が70％を超える場合に，当該超える金額を雇用安定控除額として付加価値額から控除する制度であり，外形標準課税の導入にあたり，報酬給与額を課税標準の一部として採用したことから，法人の雇用や給与等の削減を抑止するための配慮措置として設けられた取扱いである。

【適用判定の算式】
報酬給与額÷収益配分額＞70％　⇨雇用安定控除の適用あり
報酬給与額÷収益配分額≦70％　⇨雇用安定控除の適用なし

第5章　付加価値割の計算　137

Q5-10 雇用安定控除額の計算方法

雇用安定控除の控除額の計算方法について教えてください。

POINT ･･

☑　報酬給与額が収益配分額の70％を超える金額が控除額となる。

･･･

A･解 説･･

1 ┃ 雇用安定控除の控除額の計算方法（地法72の20②）

雇用安定控除の控除額（雇用安定控除額）の算定式は以下のとおりである。

【算式】
　雇用安定控除額＝報酬給与額－収益配分額×70％

Q5-11 賃上げ促進税制

外形標準課税における「賃上げ促進税制」について教えてください。

POINT ···

☑ 付加価値額の計算上，法人税の計算における賃上げ促進税制の適用要件と同様の要件を満たす法人については，給与等の増加額を基礎として計算した一定額を付加価値額から控除することができる。

···

A·解 説 ···

1 概　要

令和4年4月1日から令和9年3月31日までの間に開始する事業年度の時限措置として，一定の要件を満たす法人については賃上げ促進税制により，付加価値割の算定において一定額が付加価値額から控除される。

なお，外形標準課税における賃上げ促進税制の適用を受けるための要件は法人税法における賃上げ促進税制の要件と同様であり，要件を満たす法人については，給与等支給額の増加額を基礎として計算した金額を付加価値割の課税標準（雇用安定控除額控除後）から控除することができる（地法附則9⑬〜9⑯）。

2 適用要件（令和4年4月1日から令和6年3月31日までの間に開始する事業年度）

付加価値割の計算において賃上げ促進税制の適用を受けるためには，以下の要件を満たす必要がある。

【要件】
継続雇用者給与等支給額≧継続雇用者比較給与等支給額×103％

第5章　付加価値割の計算　**139**

　「継続雇用者」とは適用年度および前事業年度の期間内の各月分のその法人の給与等の支給を受けた国内雇用者をいい，これらの者に対する適用事業年度の給与等の支給額を「継続雇用者給与等支給額」，前事業年度の給与等の支給額を「継続雇用者比較給与等支給額」という。

　国内雇用者とは，法人の使用人（役員，特殊関係者および使用人兼務役員を除く。）のうち，国内の事業所に勤務する雇用者（国内の事業所で作成された賃金台帳に記載された者）をいう。

　継続雇用者の中に他法人への出向者がいる場合で出向先法人より給与負担金を受け取っている場合においては，継続雇用者給与等支給額および継続雇用者比較給与等支給額の算定において給与負担金を控除することに留意する（通知（県）３章４の２の17）。

　なお，資本金の額または出資金の額が10億円以上で，かつ常時使用する従業員の数が1,000人以上の法人が賃上げ促進税制の適用を受ける場合には，給与等の支給額の引上げの方針，取引先との適切な関係の構築の方針その他の事項（マルチステークホルダーに配慮した経営への取組み）についてインターネットを利用する方法により公表し，公表している旨を経済産業大臣に届出を行う必要がある（地法附則９⑬，地令附則６の２の４および６の２の５）。

3 適用要件（令和６年４月１日から令和９年３月31日までの間に開始する事業年度）

(1)　令和６年度税制改正について

　令和６年度税制改正において，法人税法の賃上げ促進税制が改正されている。

　具体的には，令和６年度税制改正前は大企業向け，中小企業向けの２種類の賃上げ促進税制が存在したが，新たに中堅企業向けの賃上げ促進税制が新設されている。

　資本金の額または出資金の額および常時使用する従業員数により，大企業，中堅企業，中小企業のいずれに該当するか判定のうえ法人税法の賃上げ促進税制の適用要件を検討する必要がある。

なお，以下の(2)および(3)に関しては令和6年4月1日から令和9年3月31日までの間に開始する事業年度の事業税の計算において適用され，以下の(4)に関しては令和7年4月1日から令和9年3月31日までの間に開始する事業年度の事業税の計算において適用される。令和7年4月1日以降に開始する事業年度に関しては中小企業向け賃上げ促進税制が適用される法人についても事業税の外形標準課税の対象となる可能性が生じたため，対応するための条文が地方税法に追加されている（地法附則9⑭）。

(2)　大企業向け賃上げ促進税制の対象となる法人の場合

　大企業向け賃上げ促進税制が適用される法人は，原則として事業年度末における資本金の額または出資金の額が1億円超の法人のうち常時使用する従業員数が2,000人を超える法人である。

　付加価値割の計算において賃上げ促進税制（大企業向け）の適用を受けるためには以下の要件を満たす必要がある。

【要件】
　継続雇用者給与等支給額≧継続雇用者比較給与等支給額×103%

　該当の法人が賃上げ促進税制の適用を受ける場合には，給与等の支給額の引上げの方針，取引先との適切な関係の構築の方針その他の事項（マルチステークホルダーに配慮した経営への取組み）についてインターネットを利用する方法により公表し，公表している旨を経済産業大臣に届出を行う必要がある。

(3)　中堅企業向け賃上げ促進税制の対象となる法人の場合

　中堅企業向け賃上げ促進税制が適用される法人は，原則として事業年度末における資本金の額または出資金の額が1億円超の法人で常時使用する従業員数が2,000人以下の法人である。

　付加価値割の計算において賃上げ促進税制（中堅企業向け）の適用を受けるためには以下の要件を満たす必要がある。

第5章　付加価値割の計算　141

【要件】
　継続雇用者給与等支給額≧継続雇用者比較給与等支給額×103%

　なお，資本金の額もしくは出資金の額が10億円以上で，かつ常時使用する従業員の数が1,000人以上の法人が賃上げ促進税制の適用を受ける場合には，給与等の支給額の引上げの方針，取引先との適切な関係の構築の方針その他の事項（マルチステークホルダーに配慮した経営への取組み）についてインターネットを利用する方法により公表し，公表している旨を経済産業大臣に届出を行う必要がある。

⑷　中小企業向け賃上げ促進税制の対象となる法人の場合

　中小企業向け賃上げ促進税制が適用される法人は，原則として事業年度末における資本金の額または出資金の額が1億円以下の法人（租税特別措置法第42条の12の5第3項に規定する中小企業者等に該当する法人）である。

　付加価値割の計算において賃上げ促進税制（中小企業向け）の適用を受けるためには以下の要件を満たす必要がある。

【要件】
　雇用者給与等支給額≧比較雇用者給与等支給額×101.5%

　「雇用者給与等支給額」は適用事業年度のすべての国内雇用者に対する給与等の支給額をいう。
　「比較雇用者給与等支給額」は前事業年度のすべての国内雇用者に対する給与等の支給額をいう。

4 ┃ 控除額の算定

　付加価値割の計算上，賃上げ促進税制の適用を受ける場合には，雇用者給与等支給増加額（労働者派遣を行っている場合には，後述する調整後の金額）を付加価値額から控除する。なお，雇用安定控除額がある場合には，雇用安定控

除額との重複控除を避けるため，以下の算式により控除額を算定する。

【控除額の算定式】

$$雇用者給与等支給 \atop 増加額（注） \times \frac{報酬給与額 - 雇用安定控除額}{報酬給与額}$$

(注)　労働者派遣を行っている場合には，後述する調整後の金額

　「雇用者給与等支給増加額」とは雇用者全体に対する給与等支給額（雇用者給与等支給額）の前年度からの増加額であり，賃上げ促進税制の適用を判定する際の継続雇用者に限定されない点に留意が必要である。

　なお，「雇用者給与等支給増加額」の算定にあたり雇用者の中に他法人への出向者がいる場合で出向先法人から出向者に対する給与に相当する給与負担金を受け取っている場合は，その金額を給与等支給額の計算上控除する。その他，雇用安定助成金の受領がある場合にも，給与等支給額の計算上控除する必要があるため留意する（雇用安定助成金については賃上げ促進税制の適用判定における継続雇用者給与等支給額の計算においては控除しないことにも留意する必要がある。）（通知（県）３章４の２の17）。

　また，適用法人が労働者派遣事業を行っている場合には，当該派遣労働者に対して支払う給与に関して一定の調整を行う必要があるため留意する。労働者派遣事業を行う法人の調整式については以下のとおりである。

【労働者派遣事業を行っている場合の調整式】

$$雇用者給与等支給 \atop 増加額（調整前） \times \frac{報酬給与額}{報酬給与額 + \left[{派遣先から支払を \atop 受ける金額 \times 75\%} \quad {または \atop （小さいほう）} \quad {派遣労働者に支払う \atop 報酬給与額} \right]}$$

　その他，法人が非課税事業等とそれ以外の事業を併せて行う場合は，雇用者給与等支給額を非課税事業等に係る額とそれ以外の事業に係る額に区分し，その割合によって雇用者給与等支給増加額を按分して控除額を計算する（地法附則９⑮）。

　この場合に，雇用者給与等支給額の区分計算が困難であるときは，それぞれの事業に従事する従業者数按分によって非課税事業等以外の事業に係る雇用者

給与等支給額を計算して，上記控除額の計算を行う（通知（県）３章４の２の17）。

Q5-12 特定内国法人（国外にPEのある法人）

特定内国法人（国外にPEのある法人）の付加価値額の計算方法を教えてください。

POINT ···

☑ 特定内国法人（国外にPEのある法人）の付加価値額は，法人のその事業年度における付加価値額の総額から，外国の事業に帰属する付加価値額を控除して計算される。

··

A·解 説 ··

1 特定内国法人の特例計算（地法72の19）

事業税は国内において行う事業に対して課税する税金であり，法人が事業を行うにあたって享受する国内の行政サービスの対価の性格を有していることから，法人事業税の課税標準の計算にあたっては外国での事業に帰属する部分に関しては課税されるべきではない。

そのため，外国において事業が行われる場所を有する法人（特定内国法人）は，課税標準の計算上は外国の事業に帰属する付加価値額を控除する必要がある。なお，特定内国法人の外国において有する事業が行われる場所とは，「恒久的施設（PE）に相当するもの」とされている（地令20の2の19）。

第 5 章　付加価値割の計算　**145**

Q5-13　課税標準の算出上，控除する外国の事業に帰属する付加価値額の計算方法

　課税標準の算出上，控除する外国の事業に帰属する付加価値額の計算方法について教えてください。

POINT ···

☑　付加価値額の総額を国内および国外PEの帰属ごとに区分計算したうえで，付加価値額の総額から外国の事業に帰属する付加価値額を控除して計算する。

☑　外国の事業に帰属する付加価値額の計算（区分計算）が困難である場合には，付加価値額の総額を従業員数で按分計算することにより，外国の事業に帰属する付加価値額を計算する。

··

A·解 説···

1┃特定内国法人の付加価値額の計算方法（地法72の19，地令20の2の20）

　特定内国法人の付加価値割の課税標準である付加価値額は，所得割における外国の事業に帰属する所得の区分計算の方法に準拠し，付加価値額の総額を国内および国外PEの帰属ごとに区分計算したうえで，付加価値額の総額から外国の事業（国外PEを通じて行う事業）に帰属する付加価値額を控除して計算する。

　なお，外国の事業に帰属する付加価値額の計算（区分計算）が困難であると認められるときには，従業者数により付加価値額の総額を按分計算して，外国の事業に帰属する付加価値額を計算することも認められる。ただし，所得割の課税標準の計算において外国の事業に帰属する所得を区分して計算している場合には，付加価値割についても区分計算を行わなければならず，付加価値割の

み従業者数により按分計算することは認められない。

【特定内国法人の付加価値割の課税標準の計算】

① 原　　則

　　付加価値額の総額－国外付加価値額（区分計算）

② 特　　例

$$\text{付加価値額}_{\text{の総額}} - \left[\text{付加価値額}_{\text{の総額}} \times \frac{\text{外国の事業所等の従業者の数}}{\text{従業者の総数}} \right]$$

第5章　付加価値割の計算　147

Q5-14　国内にPEのある外国法人

外国法人で外形標準課税の対象となる場合の付加価値額の計算方法について教えてください。

POINT ┄┄

☑ 国内源泉所得の計算上，損金の額または益金の額に算入される報酬給与額，純支払利子および純支払賃借料と単年度損益を合計して付加価値額を算定する。

┄┄

A・解 説┄┄┄

1　外国法人に対する事業税の課税（地法72の2⑥，72①五，地令10，通知（県）3章1の1，1の4）

外国法人（日本国内に本店または主たる事務所を有していない法人）であっても，国内に恒久的施設を有する場合には，法人事業税が課されることとなる。ただし，事業税は国内において行う事業に対して課税する税金であり，法人が事業を行うにあたって享受する国内の行政サービスの対価の性格を有していることから，外国法人の事業税の課税標準の計算にあたっては国内での事業に帰属する部分に関してのみ課税されるべきである。

そのため，付加価値割の課税標準である付加価値額は，国内源泉所得の計算上，損金の額または益金の額に算入される報酬給与額，純支払利子および純支払賃借料と単年度損益を合計して算定される。

第6章

資本割の計算

　本章では，外形標準課税のうち，資本割の計算方法について確認する。

　資本割の課税標準となる「資本金等の額」は法人税法上の資本金等の額に基づき計算することとなるが，欠損塡補を行った場合や持株会社に該当する場合の減額措置など外形標準課税独自の調整があることに留意が必要である。

Q6-1 資本割の計算方法

資本割の計算方法について教えてください。

POINT ・・

☑ 資本割は，課税標準である資本金等の額に税率（標準税率0.5％）を乗じて計算する。

☑ 資本割の課税標準となる「資本金等の額」は，原則として，事業年度末の法人税法上の資本金等の額に，無償増減資等に係る調整額を加減算した金額となる。ただし，資本金等の額が，資本金と資本準備金の合計額を下回る場合，資本金と資本準備金の合計額が，資本割の課税標準となる。

・・

A·解 説 ・・

1 資本割の概要

資本割は，各事業年度終了の日における資本金等の額を課税標準として，税率を乗じて計算する。

地方税法に定める資本割の標準税率は0.5％であり，これを基準に各都道府県は条例により税率を定める。なお，地方税法において税率の上限（制限税率）が定められており，標準税率の1.2倍を超える税率を定めることはできない（地法72の24の7⑨）。

2 資本金等の額

資本割の課税標準となる「資本金等の額」は，原則として事業年度終了の日における法人税法に規定する資本金等の額に，無償増減資等に係る調整額（Q6-3参照）を加減算した金額となる（地法72の21①）。事業年度が1年に満たない法人については，資本金等の額は月割りにより計算する（地法72の21③）。

1月に満たないときは1月とし，1月に満たない端数が生じたときは切り捨てる。

　ただし，無償増減資等に係る調整後の資本金等の額が資本金と資本準備金の合計額を下回る場合は，資本金と資本準備金の合計額が資本割の課税標準となる（地法72の21②）。

　なお，清算中の法人は，解散後の事業年度において，資本金等の額はないものとみなす（地法72の21①）。

152

Q6-2 資本割の課税標準である資本金等の額

資本割の課税標準である資本金等の額について教えてください。

POINT ・・・

☑ 資本割の課税標準は，原則として，事業年度末の法人税法上の資本金等の額に無償増減資等に係る調整額を加減算した金額となる。

☑ 資本金等の額が資本金と資本準備金の合計額を下回る場合，資本金と資本準備金の合計額が資本割の課税標準である資本金等の額となる。

☑ 特定持株会社に該当する場合の特例など，地方税法において特別な定めがある場合，一定額を減算した金額が資本割の課税標準となる。

・・

A・解 説 ・・

1 資本金等の額の計算

資本割の課税標準となる資本金等の額は，各事業年度終了の日における法人税法に規定する資本金等の額に基づき計算する（地法72の21①）。

法人税法に規定する資本金等の額は，法人税法第2条第16号，法人税法施行令第8条に定める金額をいい，法人税申告書別表五（一）Ⅱ「資本金等の額の計算に関する明細書」における④欄「差引翌期首現在資本金等の額」の36欄「差引合計額」をいう。

自己株式の取得や資本の払戻しを行った場合，合併・分割等の組織再編行為を行った場合などにより資本金等の額に増減があり，会計と税務で資本の増減が異なる場合，上記の別表五（一）で調整される。そのため，資本割の計算において，この別表五（一）の内容に基づき，資本金等の額を計算する。

なお，清算中の法人は，解散後の事業年度において，資本金等の額はないものとみなす（地法72の21①）。

第6章　資本割の計算　153

2 ▎無償増減資等に係る調整

　資本割の課税標準となる資本金等の額は，法人税法に規定する資本金等の額に無償増減資等に係る調整額を加減算した金額である。無償増減資等があった場合，法人税法上は資本金等の額に変動がないものとして取り扱われるが，資本割の計算上は，法人の事業規模に応じた課税を行う外形標準課税の趣旨から，一定の要件を満たした場合に，その増減額を課税標準に反映させる（Ｑ6-3参照）。

3 ▎資本金と資本準備金の合計額

　法人税法に規定する資本金等の額に無償増減資等に係る調整額を加減算した金額が，資本金と資本準備金の合計額に満たない場合，法人の事業規模に応じた課税を行う外形標準課税の趣旨から，資本金と資本準備金の合計額が，資本割の課税標準である資本金等の額となる（地法72の21②）。

4 ▎事業年度が１年に満たない場合

　その法人の事業年度が１年に満たない場合の資本金等の額は，月割りにより計算する。１月に満たないときは１月とし，１月に満たない端数が生じたときは切り捨てる（地法72の21③）。

5 ▎課税標準算定の特例

　次の事項に該当する場合，資本割の課税標準となる資本金等の額については，一定の減算措置が講じられる。

- 特定持株会社に該当する場合（Ｑ6-4参照）
- 資本金等の額が１千億円を超える場合（Ｑ6-5参照）
- 外国において事業を行う特定内国法人の場合（Ｑ6-6参照）

Q6-3 無償減資等により欠損填補を行った場合における資本割の課税標準の計算

　無償減資等により欠損填補を行った場合における資本割の課税標準の計算について教えてください。また，無償増資等を行った場合についても併せて教えてください。

POINT ··

☑　無償減資等による欠損填補が一定の要件を満たす場合，法人税法上の資本金等の額から欠損填補額を控除した金額を，資本割の課税標準となる資本金等の額とする。

☑　無償増資等が一定の要件を満たす場合，法人税法上の資本金等の額に無償増資等の額を加算した金額を，資本割の課税標準となる資本金等の額とする。

··

A・解 説 ··

1 ┃ 法人税法における資本金等の額の計算

(1) 純資産の部における法人税法と会計（会社法）との取扱いの違い

　法人税法における「資本金等の額」と会計（会社法）における「資本金及び資本剰余金」は，同じ性質ではある。ただし，法人税法に特別の定めがある場合，「資本金等の額」の増減と「資本金及び資本剰余金」の増減とが一致しない場合がある。法人税法における「利益積立金額」と会計（会社法）における「利益剰余金」についても同様である。以下の(2)(3)は，この一致しない場合に該当する。

(2) 無償減資等の場合

　会社法等の手続に基づいて資本金または資本準備金の減少（以下「無償減資等」という。）を行い，当該減少額をもって欠損填補を行った場合，会計上，

資本金または資本準備金が減少し利益剰余金が増加する。一方，法人税法上は，単なる純資産の内訳の区分変更で課税関係に影響はないため，資本金等の額の減少や欠損填補に伴う利益積立金額の増加について認識しない。この場合，法人税申告書別表五（一）上において調整を行う。

(3) 無償増資等の場合

　会社法等の手続に基づいて利益準備金またはその他利益剰余金を原資とする増資（以下「無償増資等」という。）を行った場合，会計上，利益準備金またはその他利益剰余金が減少し，資本金が増加する。一方，法人税法上は，単なる純資産の内訳の区分変更で課税関係に影響はないため，資本金等の額の増加や利益積立金額の減少について認識しない。この場合，法人税申告書別表五（一）上において調整を行う。

2 ▌ 無償減資等や無償増資等があった場合の資本割の計算

　上記1(2)(3)の場合，法人税法上，資本金等の額は変更ないが，法人の事業規模に応じた課税を行う外形標準課税の趣旨から，当該増減資等を資本金等の額に反映させたほうがより適切と考えられる。

　そのため，一定の要件を満たす無償減資等や無償増資等が行われた場合，法人税法上の資本金等の額に，無償増減資等に係る調整額を加減算する。

　具体的には，以下の算式により計算する（地法72の21①）。

【算式】

$$\text{資本割の課税標準額} = \text{法人税法上の資本金等の額} + \text{過去の事業年度分の以下の①－②－③} + \text{当該事業年度分の以下の①－③}$$

① 平成22年4月1日以後に，会社法の規定により，その他利益剰余金を資本金とし，または利益準備金の全部もしくは一部を資本金とした金額

② 平成13年4月1日から平成18年4月30日までの間に，資本の減少（金銭等を交付する有償減資を除く。）による欠損填補に充てた金額ならびに旧商法の規定により資本準備金による欠損填補に充てた金額

③ 平成18年5月1日以後に，会社法の規定により資本金または資本準備金を減少してその他資本剰余金を計上し，1年以内に当該剰余金を欠損填補に充てた場合の当該金額

Q6-4 特定持株会社に該当する場合の資本割の課税標準の特例

　特定持株会社に該当する場合の資本割の課税標準の特例について教えてください。

POINT ･･

☑　特定持株会社とは，その保有する前期末と当期末における特定子会社（発行済株式等の50％超を直接または間接に保有する子会社）の株式等の帳簿価額の合計額が，前期末と当期末の総資産の帳簿価額の合計額の50％を超える会社をいう。

☑　特定持株会社に該当する場合における資本割の課税標準は，資本金等の額から，資本金等の額に総資産（貸借対照表価額）のうちに特定子会社の株式等（税務上の帳簿価額）の占める割合を乗じて計算した金額を控除した金額とする。

･･

A･解 説 ･･･

1 │ 特定持株会社における特例の概要

　特定持株会社とは，その保有する前期末と当期末における特定子会社（発行済株式等の50％超を直接または間接に保有する子会社）の株式等の税務上の帳簿価額の合計額が，前期末と当期末の貸借対照表における総資産の帳簿価額の合計額の50％を超える会社をいう。

　特定子会社とは，内国法人が発行済株式等（自己株式を除く。以下同じ。）の50％超を直接または間接に保有する他の法人をいい，外国法人も含む（通知（県）3章4の6の8）。

　特定持株会社の資本割の課税標準は，以下の算式により計算する（地法72の21⑥）。

第6章　資本割の計算　**157**

【算式】

$$\text{資本割の課税標準額} = \text{資本金等の額} - \text{資本金等の額} \times \frac{\text{前期末と当期末の，特定子会社株式の(税務上の)帳簿価額の合計額}}{\text{前期末と当期末の，総資産の(貸借対照表の)帳簿価額の合計額}}$$

　総資産の帳簿価額は，貸借対照表に計上されている総資産の帳簿価額から次の事項を加算または減算した金額となる（地法72の21⑥，地令20の2の22，通知（県）3章4の6の5，4の6の6，4の6の7）。

(1)　加　　算

　①　金銭債権から控除する方法により取立不能見込額として計算した貸倒引当金の額

　②　退職給付信託における信託財産の額が，退職給付引当金勘定の額と相殺され貸借対照表の資産の部に計上されず，注記に計上されている場合等の当該信託財産の額

(2)　減　　算

　①　固定資産の圧縮積立金額として積み立てている金額(注)

　②　特別償却準備金として積み立てている金額(注)

　③　土地再評価差額に相当する金額

　④　特定子会社に対する貸付金および特定子会社の発行する社債の金額

　⑤　保証債務見返勘定のように単なる対照勘定として計上されている金額

　⑥　返品債権特別勘定の金額（負債計上している場合）

　⑦　補修用部品在庫調整勘定または単行本在庫調整勘定の金額（負債計上している場合）

　(注)　税効果会計を適用している場合には，総資産の帳簿価額から控除する圧縮積立金または特別償却準備金の金額は，貸借対照表に計上されている圧縮積立金または特別勘定の金額とこれらの勘定に係る繰延税金負債の額との合計額となる。なお，繰延税金負債が繰延税金資産と相殺されて貸借対照表に計上されている場合には相殺後の残額を控除し，その相殺については，圧縮積立金勘定または特別償却準備金勘定に係る繰延税金負債の額がまず相殺されたものとして取り扱う。

158

Q6-5 資本金等の額が１千億円を超える場合における資本割の課税標準の圧縮措置

資本金等の額が１千億円を超える場合における資本割の課税標準の圧縮措置について教えてください。

POINT ....

☑ 資本金等の額が１千億円を超える法人について，資本割の課税標準を軽減する措置が設けられている。

....

A・解 説 ....

資本金等の額が１千億円を超える法人について，下記の表の資本金等の額の区分に応じ，算入率を乗じた金額が資本割の課税標準となる（地法72の21⑦）。

なお，表中の金額はそれぞれ年額であり，事業年度が１年に満たない場合にはそれぞれ月数按分後の金額となる。

資本金等の額（年額）	資本割の課税標準への算入率
１兆円超の部分	０％
５千億円超，１兆円以下の部分	25％
１千億円超，５千億円以下の部分	50％
１千億円以下の部分	100％

■具体例

(1) 前提条件

事業年度が１年，期末資本金等の額が3,500億円の場合

(2) 資本割の課税標準額

① 年１千億円以下の部分　1,000億円

② 年１千億円超，年５千億円以下の部分　2,500億円

③ 課税標準額　①＋②×50％＝2,250億円

第6章 資本割の計算　159

Q6-6　外国で事業を行う特定内国法人の資本割の計算

> 外国において事業を行う特定内国法人の資本割の計算について教えてください。

POINT ···

☑　外国に恒久的施設を有する内国法人を，特定内国法人という。

☑　事業税は国内で行う事業に対して課する税金であり，内国法人が外国に恒久的施設を設けて事業を行う場合，その外国の事業に帰属する部分を課税標準から除外する。

···

A·解 説···

1 ┃ 特定内国法人とは

　外国に恒久的施設を有する内国法人を，特定内国法人という。事業税は国内で行う事業に対して課する税金であり，内国法人が外国に恒久的施設を設けて事業を行う場合，その外国の事業に帰属する部分を課税標準から除外する。

2 ┃ 特定内国法人の資本割の計算（地法72の22）

　特定内国法人の資本割の課税標準は，以下の算式で計算する。

(1)　原則（付加価値額按分）

　原則として，資本金等の額に付加価値割の計算における付加価値額の総額のうちに国外の事業に帰属する付加価値額の占める割合を乗じて計算した金額を課税標準額から控除する。

【算式】

$$\text{資本割の課税標準額} = \text{資本金等の額} - \text{資本金等の額} \times \frac{\text{国外付加価値額}}{\text{付加価値額の総額（注）}}$$

（注） 付加価値額の総額は，雇用安定控除額を控除しないで計算する。

(2) 例外（従業者数按分）

　国外付加価値額の計算について区分計算を行い，かつ，次の①から③までのいずれかの要件に該当する場合には，課税標準額から控除する金額は従業者数按分により計算する。

【適用要件】

① 国外付加価値額が0以下の場合

② 国内付加価値額が0以下の場合

③ 国内付加価値額について，付加価値額の総額に占める割合が50％未満の場合

【算式】

$$\text{資本割の課税標準額} = \text{資本金等の額} - \text{資本金等の額} \times \frac{\text{外国の事務所等の従業者の数}}{\text{従業者の総数}}$$

第7章

法人事業税の申告・税率・分割基準

　本章では，法人事業税の申告に関連する事項と税率および分割基準について確認する。法人事業税には，本書のテーマである外形標準課税（付加価値割・資本割）のほか所得割と収入割がある。申告に際してそれぞれの共通事項と取扱いが異なる事項を混同することのないように，その全体像を整理する。

Q7-1 法人事業税の申告納付

法人事業税の申告納付について教えてください。

POINT ‥‥‥‥‥‥‥‥‥‥‥‥‥‥‥‥‥‥‥‥‥‥‥‥‥‥‥‥‥‥

☑ 法人事業税は，納税者自ら納付税額を計算して申告を行う申告納付方式である。

☑ 事業を行う法人は，原則として，各事業年度終了の日から2月以内に，事務所または事業所（以下「事業所等」という。）の所在する都道府県に法人事業税を申告納付しなければならない。事業年度終了の日から2月以内に決算が確定しないなどの事情がある場合には，法人の申請に基づいて，申告納付期限を1月または2月延長する制度がある。

☑ 事業を行う法人は，事業年度が6月を超える場合には，事業年度開始の日以後6月を経過した日から2月以内に中間納付額を申告納付しなければならない。ただし，一定の要件を満たす法人については中間申告を要しない。

‥‥‥‥‥‥‥‥‥‥‥‥‥‥‥‥‥‥‥‥‥‥‥‥‥‥‥‥‥‥‥‥‥‥‥‥

A・解 説 ‥‥‥‥‥‥‥‥‥‥‥‥‥‥‥‥‥‥‥‥‥‥‥‥‥‥‥‥‥‥‥‥

1 確定申告および納付（地法72の25，72の28）

(1) 申告方法等

　法人事業税は，納税者自ら納付税額を計算し申告を行う申告納付方式である。事業を行う法人は，各事業年度の終了の日から2月以内に，確定した決算に基づいて，事業所等の所在する都道府県に法人事業税の申告納付を行わなければならない。その法人の事業所等が2以上の都道府県に所在する場合には，課税標準の総額を事業所等の所在する都道府県に分割（配分）し，その都道府県ごとに税額を計算し，それぞれの都道府県に申告納付を行う。

第7章　法人事業税の申告・税率・分割基準　**163**

(2)　申告期限の延長

　事業税の確定申告をすべき法人が一定の理由により事業年度終了の日から2月以内に申告納付をすることができないときは，主たる事業所等の所在地の都道府県知事の承認を受けることで，その期限を延長することができる。申告期限を延長できる主なケースは次のとおりである。

①　災害等の場合

事由	災害その他やむを得ない理由により決算が確定しないため，事業年度終了の日から2月以内に申告納付することができない場合
手続	承認を受けようとする事業年度終了の日から45日以内に主たる事業所等の所在地の都道府県知事に申請書を提出（地令24の3）
延長期間	指定された日まで延長

②　定時総会が事業年度終了の日から2月以内に招集されない常況にある場合等

事由	定款等の定めにより事業年度終了の日から2月以内に決算についての定時総会が招集されない常況にあると認められる場合等により決算が確定しないため，事業年度終了の日から2月以内に申告納付することができない常況にある場合
手続	承認を受けようとする事業年度終了の日までに，主たる事業所等の所在地の都道府県知事に申請書を提出（地令24の4）
延長期間	1月延長（申告期限は事業年度終了の日から3月以内）

③　グループ通算制度を適用する場合

事由	グループ通算制度を適用する場合において，通算法人が多数に上ること等により，法人税の計算を了することができないため，事業年度終了の日から2月以内に申告納付することができない常況にある場合
手続	承認を受けようとする事業年度終了の日から45日以内に主たる事業所等の所在地の都道府県知事に申請書を提出（地令24の4の2）
延長期間	2月延長（申告期限は事業年度終了の日から4月以内）

(3) 外形標準課税の対象法人における書類の添付

外形標準課税の対象法人が，事業税の確定申告を行う場合には，その提出する申告書に，付加価値額，資本金等の額および所得に関する計算書のほか，その事業年度の貸借対照表および損益計算書を添付しなければならない。

2 ▌ 中間申告および納付（地法72の26）

(1) 中間納付額の計算方法

事業を行う法人は，事業年度が6月を超える場合には，事業年度開始の日以後6月を経過した日から2月以内に法人事業税の中間納付額を申告納付しなければならない。

法人事業税の中間納付額の計算方法には，前事業年度の税額を基礎とする予定申告と仮決算による中間申告の2つの方法がある。

① 前事業年度の税額を基礎とする予定申告の場合の納税額

【算式】

$$\text{その事業年度開始の日から6月を経過した日の前日までに確定した前事業年度の法人事業税額} \times \frac{6}{\text{前事業年度の月数}}$$

(注) 前事業年度または当事業年度開始の日から6月を経過した日の前日までの期間内に適格合併があった場合の合併法人については，被合併法人の実績も考慮して計算する。

② 仮決算による場合の納税額

その事業年度開始の日から6月の期間を1事業年度とみなして計算した法人事業税額。

なお，仮決算により計算した事業税の額が前年度実績により計算した事業税の額を超える場合は，仮決算による方法を行うことができない。

第7章　法人事業税の申告・税率・分割基準　165

(2)　みなし申告

　法人事業税の中間申告書を提出すべき法人が，その事業年度開始の日以後6月を経過した日から2月以内に中間申告書の提出を行わない場合には，その提出期限を経過した時において前年度実績に基づく申告書の提出があったものとみなされる。

(3)　外形標準課税の対象法人における中間申告義務

　所得割のみを課税される法人のうち，法人税の中間申告書を提出することを要しない法人(注)については，法人事業税の中間申告を要しないこととされているが，外形標準課税の対象法人は，法人税における中間申告義務にかかわらず，事業年度が6月を超えるときは中間申告の義務がある。

(注)　法人税の中間申告書を提出することを要しない法人とは，次の算式により計算した金額が10万円以下である法人をいう。

$$前事業年度の確定法人税額 \times \frac{6}{前事業年度の月数}$$

Q7-2　法人事業税の税率

法人事業税の税率について教えてください。

POINT

☑　法人事業税は，所得割，付加価値割，資本割，収入割のいずれについても課税標準額に「税率」を乗じることにより計算される。

☑　地方税法においては，法人事業税の税率として標準税率が定められており，各都道府県は標準税率を基準として，それぞれ条例により適用する税率を定める。ただし，地方税法において法人事業税の税率には制限税率を定めているため，制限税率を超えて税率を定めることはできない。

A・解説

1 ┃ 税率の適用区分（地法72の24の7）

　法人事業税は，所得割・付加価値割・資本割・収入割のいずれについても，課税標準額に「税率」を乗じることにより計算され，地方税法においては，それぞれ標準税率が定められている。

　法人事業税の標準税率は，その法人の行う事業を以下のように区分して定められている。

①　電気供給業（小売電気事業等，発電事業等および特定卸供給事業を除く。），導管ガス供給業，保険業および貿易保険業

②　電気供給業のうち小売電気事業等，発電事業等および特定卸供給事業

③　特定ガス供給業

④　①〜③以外の事業

　さらに，②については「外形標準課税対象法人」，「外形標準課税対象法人以外の法人」の2つに区分し，④については「外形標準課税対象法人」，「特別法

人」,「その他の法人」の3つに区分し,これらの区分ごとにそれぞれ標準税率が定められている。

2 標準税率

(1) 電気供給業,導管ガス供給業,特定ガス供給業,保険業および貿易保険業以外の事業の場合

　電気供給業,導管ガス供給業,特定ガス供給業,保険業および貿易保険業以外の事業に係る法人事業税の標準税率は,「外形標準課税対象法人」,「特別法人」,「その他の法人」の3つの区分に応じ次の表に掲げるとおりである。

　なお,外形標準課税対象法人以外の法人の所得割の標準税率については,課税標準となる各事業年度の所得の金額について「年400万円以下の金額」,「年400万円超年800万円以下の金額」,「年800万円超の金額」の3つに区分(特別法人については「年400万円以下の金額」,「年400万円超の金額」の2つに区分)し,低い所得区分については税率が低い割合となるように定められている。ただし,3以上の都道府県に事務所または事業所を設けて事業を行う法人で期末資本金または出資金の額が1,000万円以上のものについては,所得区分はなく,すべての所得に対し最も高い税率が適用される。当該取扱いが適用される法人を軽減税率不適用法人という(地法72の24の7①⑤)。

法人の区分			税　率	
			軽減税率 適用法人	軽減税率 不適用法人
外形標準課税 対象法人	付加価値割		1.2%	1.2%
	資本割		0.5%	0.5%
	所得割		1％	1％
特別法人	所得割	各事業年度の所得のうち 年400万円以下の金額	3.5%	4.9%
		各事業年度の所得のうち 年400万円を超える金額	4.9%	

その他の法人	所得割	各事業年度の所得のうち年400万円以下の金額	3.5%	
		各事業年度の所得のうち年400万円を超え年800万円以下の金額	5.3%	7.0%
		各事業年度の所得のうち年800万円を超える金額	7.0%	

(2) 電気供給業（小売電気事業等，発電事業等および特定卸供給事業を除く。），導管ガス供給業，保険業および貿易保険業の場合

電気供給業（小売電気事業等，発電事業等および特定卸供給事業を除く。），導管ガス供給業，保険業および貿易保険業については収入割が課され，その標準税率は1％である（地法72の24の7②）。

(3) 小売電気事業等，発電事業等および特定卸供給事業の場合

電気供給業のうち，小売電気事業等，発電事業等および特定卸供給事業に係る法人事業税については，次の表に掲げるとおりである（地法72の24の7③）。

法人の区分		税率
外形標準課税対象法人	収入割	0.75%
	付加価値割	0.37%
	資本割	0.15%
外形標準課税対象法人以外の法人	収入割	0.75%
	所得割	1.85%

(4) 特定ガス供給業の場合

ガス供給業のうち，特定ガス供給業に係る法人事業税については，「収入割」，「付加価値割」，「資本割」が課され，その標準税率は次の表に掲げるとおりである（地法72の24の7④）。

法人の区分		税　率
特定ガス供給業	収入割	0.48%
	付加価値割	0.77%
	資本割	0.32%

3 制限税率

　地方税法に定める税率は標準税率であり，都道府県は当該標準税率を基準として法人事業税を課税するが，財政上その他必要がある場合には，条例に定めることによりその税率を超える税率で課税することができる（地法1①五）。

　ただし，都道府県が標準税率を超えて法人事業税を課税する場合には標準税率の1.2倍（外形標準課税対象法人の所得割の税率については1.7倍）が限度（制限税率）とされている（地法72の24の7⑨）。

4 税率の適用区分の判定時期

　法人事業税の税率は，各事業年度終了の日の現況により判定する。ただし，仮決算により中間申告を行う場合は，事業年度開始の日から6月の期間の末日の現況により判定することとなる（地法72の24の8）。

　軽減税率の判定についても同様である（地法72の24の7⑧）。

170

Q7-3 法人事業税の分割基準

法人事業税の分割基準について教えてください。

POINT ･･･

☑ 複数の都道府県に事務所または事業所（以下「事業所等」という。）を設けて事業を行う場合，課税標準額の総額を一定の基準でそれぞれの都道府県に分割（配分）して，各都道府県に納める法人事業税を計算する。この一定の基準を分割基準という。

☑ 法人事業税において適用される分割基準は，その法人の行う事業の種類に応じて定められている。

☑ 法人が２以上の分割基準を適用すべき事業を併せて行う場合には，これらの事業のうち主たる事業に係る分割基準により計算する。

･･･

A・解 説 ･･･

1 ┃ 分割基準の概要

　法人事業税は法人の事業所等が所在する都道府県に課税権があり，法人が２以上の都道府県において事業所等を設けて事業を行っている場合には，課税標準額の総額をそれぞれの都道府県に分割（配分）することで課税権の調整を行う。この場合の課税標準額を分割する際に用いられる基準を分割基準という。

　分割基準は，課税標準額の総額を各都道府県に配分する計算であり，課税標準額の総額が増加するものではないため，１の都道府県に申告納税する場合と，２以上の都道府県に申告納税する場合とでは，全体としての税負担額は概ね変わらない（分割に伴う端数処理や各都道府県の適用税率の違いにより，多少の差異は生じる。）。

2 分割基準

(1) 分割基準の種類

分割基準は，その事業の種類に応じ，次のとおり定められている（地法72の48③）。

■事業内容に応じた分割基準の種類

事業内容		分割基準 （分数は課税標準額の総額に乗ずる割合）
下記以外の事業		• 事業所等の数 $\left(\dfrac{1}{2}\right)$ • 従業者の数 $\left(\dfrac{1}{2}\right)$
製造業		従業者の数
• ガス供給業 • 倉庫業		事業所等の固定資産の価額
電気供給業	小売電気事業等	• 事業所等の数 $\left(\dfrac{1}{2}\right)$ • 従業者の数 $\left(\dfrac{1}{2}\right)$
	• 一般送配電事業 • 送電事業 • 配電事業 • 特定送配電事業	• 発電等用電気工作物と電気的に接続している電線路の電力容量 $\left(\dfrac{3}{4}\right)$ • 事業所等の固定資産の価額 $\left(\dfrac{1}{4}\right)$ （注1）
	• 発電事業等 • 特定卸供給事業	• 発電所または蓄電用の施設の用に供する固定資産の価額 $\left(\dfrac{3}{4}\right)$ • 事業所等の固定資産の価額 $\left(\dfrac{1}{4}\right)$ （注2）
• 鉄道事業 • 軌道事業		軌道の延長キロメートル数

（注1） 発電等用電気工作物と電気的に接続している電線路がない場合には，総額を事業所等の固定資産の価額に按分。

（注2） 発電所または蓄電用の施設の用に供する固定資産がない場合には，総額を事業所等の固定資産の価額に按分。

各分割基準における数の計算方法および用語の定義等の詳細は，次のとおりである。

分割基準の内容	詳　　　細
事業所等の数	①　数の計算 　各月の末日の事業所等の数を合計した数 ②　事業所等の定義 　自己所有に属するか否かにかかわらず，事業の必要から設けられた人的および物的設備であって継続して事業が行われる場所をいう。
従業者の数	①　数の計算 　●原則 　事業年度末日の従業者数 　●事業年度の中途に事業所等を新設した場合 　$\dfrac{\text{事業年度末日}}{\text{の従業者数}} \times \dfrac{\text{新設日から事業年度末日までの月数}}{\text{その事業年度の月数}}$ 　●事業年度の中途に事業所等を廃止した場合 　$\dfrac{\text{廃止日の前月末日}}{\text{の従業者数}} \times \dfrac{\text{廃止日までの月数}}{\text{その事業年度の月数}}$ 　●従業者の数に著しい変動^(注)があった場合 　$\dfrac{\text{各月末日の従業者数の合計}}{\text{その事業年度の月数}}$ 　（注）　従業者の数の著しい変動とは，各月末日現在の従業者の数のうち最大の数値が，その従業者の数のうち最小の数値の2倍を超える場合をいう。 　●期末資本金1億円以上の製造業を行う法人の特例 　期末資本金1億円以上の製造業を行う法人の工場については，期末従業者の数に，その数値の2分の1に相当する数値を加算する（期末の数値が奇数である場合には，その数値に1を加えた数値の2分の1に相当する数値を加算する。）。 　（注）　月数は暦に従って計算し，1月未満の端数は1月とする。従業者の数に1人未満の端数を生じたときはこれを1人とする。 ②　特例計算の優先順位 　①において原則以外で計算する場合は，「著しい変動」，「事業所等の廃止」，「事業所等の新設」の順序で検討し，重複して適用はしない。製造業に係る特例措置はこれらの計算の後に適用する。 ③　従業者の定義 　その事業所等で勤務すべき者で，給与の支払を受けるべき者をい

第7章　法人事業税の申告・税率・分割基準　173

	い，アルバイト，パートタイマー，派遣社員等の人数も含める。
固定資産の価額	事業年度終了の日において貸借対照表に記載されている土地，家屋および家屋以外の減価償却が可能な有形固定資産の価額をいい，無形固定資産および貸借対照表に記載されていないものは含まない。
電線路の電力容量	事業年度終了の日において発電等用電気工作物と電気的に接続している電線路（電圧が66キロボルト以上のもの）の電力の容量をキロワットで表した数値。
軌道の延長キロメートル数	各事業年度終了の日における単線換算キロメートル数をいう。

(2)　分割基準の異なる事業を併せて行う場合

　法人が2以上の分割基準を適用すべき事業を併せて行う場合には，原則として，これらの事業のうち主たる事業の分割基準を適用する（地法72の48⑧）。どの事業が主たる事業であるかについてはそれぞれの事業に係る売上金額によって判定し，これによりがたいときは従業者の配置，施設の状況等の企業活動の実態により総合的に判定する（通知（県）3章9の8）。

　鉄道事業または軌道事業とこれらの事業以外の事業とを併せて行う場合には，例外として，主たる事業の分割基準を適用するのではなく，鉄道事業または軌道事業に係る部分は事務所等の所在する都道府県における軌道の延長キロメートル数を，これらの事業以外の事業に係る部分はそれらの事業のうち主たる事業について定められた分割基準を適用する（地法72の48⑪，地令35の2）。

3　外形標準課税の適用と分割基準

　上述のとおり，分割基準はその事業の種類に応じて定められているため，外形標準課税の適用の有無と適用される分割基準の種類については直接的な関係性はない。なお，外形標準課税の対象法人においては，所得割，付加価値割，資本割のそれぞれについて課税標準額の分割を行い，それぞれ各都道府県において定められた税率を乗じて税額計算を行う。

174

Q7-4 法人が解散・清算をする場合の法人事業税の申告納付

法人が解散し清算をする場合の法人事業税の申告納付について教えてください。

POINT ··

☑ 外形標準課税対象法人が解散し，清算手続を行う場合の法人事業税の計算については，解散の日を含む事業年度，清算中の各事業年度および残余財産確定日を含む事業年度のそれぞれについて課税の取扱いが異なる。

··

A・解 説 ··

1 法人が解散した場合における事業年度（地法72の13⑤）

法人が定款等に定める事業年度の中途において解散をした場合や清算中の法人の残余財産が確定した場合には，定款等に定める事業年度とは異なる事業年度が生じる。清算中の法人の法人事業税の計算は，これらの事業年度に応じて異なる取扱いが定められている。

事　由		事業年度
定款等に定める事業年度の中途において解散（合併による解散を除く。）した場合	①	定款等に定める事業年度開始の日から解散の日までの期間（以下「解散事業年度」とする。）
清算中の事業年度（残余財産確定の日を含む事業年度を除く。）	②	会社法第494条における清算事務年度（解散の日の翌日から始まる１年の期間およびその後における１年ごとの各期間）（以下「清算事業年度」とする。）
清算中の法人の残余財産が②の事業年度の中途において確定した場合	③	②の事業年度開始の日から残余財産確定の日までの期間（以下「残余財産確定事業年度」とする。）

第7章　法人事業税の申告・税率・分割基準　175

2 ｜ 事業年度別の課税関係

　外形標準課税対象法人が解散し清算を行う場合の法人事業税の取扱いは，解散事業年度，清算事業年度，残余財産確定事業年度の3つの期間に区分して確認する。

(1)　解散事業年度

　解散事業年度については，解散の日が事業年度の末日となるため，解散日における現況により外形標準課税の適用を判定し，通常どおりの計算を行う。なお，事業年度が1年未満となる場合には，月数の按分などの計算において留意が必要となる。

(2)　清算事業年度

　清算事業年度の法人事業税の計算については，次の点で通常の計算と異なる。

①　外形標準課税の適用判定

　外形標準課税の適用については，通常の事業年度においては期末の現況により判定をするが，清算事業年度においては解散の日の現況により判定する（地法72の2②）。

②　所得割の軽減税率の適用判定

　所得割の軽減税率不適用法人（3以上の都道府県に所在，かつ，資本金の額または出資金の額が1,000万円以上）に該当するかどうかの判定は，通常の事業年度においては期末の現況により行われる。清算事業年度においては，資本金の額または出資金の額の判定は，解散の日の現況により行い，都道府県数の判定は各清算事業年度の末日の現況により行う（地法72の24の7⑤⑧）。

③　資本割の不適用

清算中の法人（グループ通算制度を適用する通算子法人を除く。）について
は資本金等の額がないものとされるため，資本割は課税されない（地法72の29
②）。

(3)　残余財産確定事業年度

残余財産確定事業年度の法人事業税の計算については，次の点で通常の計算
と異なる。

①　所得割の課税標準の計算（事業税額の損金算入時期）

法人税法上，事業税の損金算入時期は原則として申告書を提出した日の属す
る事業年度となるが，残余財産確定事業年度に係る事業税については，当該残
余財産確定事業年度の損金の額に算入される（法法62の5⑤）。

これに対し，法人事業税の所得割の計算においては残余財産確定事業年度に
係る事業税の損金算入前の所得金額を課税標準とする（地法72の23）。つまり，
所得割の計算上は，残余財産確定事業年度に係る事業税は損金の額に算入され
ないままとなる。

②　所得割の軽減税率の適用判定

(2)の清算事業年度の取扱いと同様となる。

③　付加価値割および資本割の不適用

残余財産確定事業年度については，付加価値割と資本割のいずれも課税され
ない（地法72の29④）。

第8章

会計処理の実務対応
資本金の額・資本剰余金の額が増減するケース

　本章では，外形標準課税に関する令和6年度税制改正の論点整理に欠かせない知識である払込資本（資本金・資本剰余金）の増減要因とこれに関する会計処理について確認する。本改正に伴い，今後は資本金のみならず資本剰余金の増加により外形標準課税の対象となるケースも考えられるため，会社法等の手続や会計処理を適切に把握することが重要となる。

Q8-1 増資をした場合に増加する資本金の額および資本剰余金の額

法人が増資をした場合において増加すべき資本金の額および資本剰余金の額について教えてください。

POINT ・・・

☑ 株式会社が増資をした場合には，発行した株式の払込金額の少なくとも2分の1以上は，資本金に計上しなければならない。

☑ 合同会社の増資は，株式会社における増資と異なり，払込金額の2分の1以上を資本金とする制限はないため，資本金を計上しないことを含め任意の金額とすることができる。

・・

A・解説 ・・・

1 ▌ 株式会社の増資による資本金の増加額

増資には，金銭出資と金銭以外の出資を目的とする現物出資の2種類の方法が存在する。

また，非公開会社を含む株式会社において増資を行った場合，発行した株式の払込金額の少なくとも2分の1以上は，資本金に計上しなければならない。残額については資本金ではなく資本準備金として計上される（会社法445②）。

2 ▌ 合同会社の増資による資本金の増加額

合同会社は，資本準備金が存在しないため株式会社における資本金計上の規定である会社法第445条第2項の適用はない。そして，増資額のうち資本金に計上する額は，業務執行社員の過半数の同意等により決定する（会社法591）。

また，増資額のうち資本金として計上されなかった額は資本剰余金に計上されるため，全額資本剰余金とすることも可能である（会計規31①三）。

第8章 会計処理の実務対応 資本金の額・資本剰余金の額が増減するケース **179**

3 ┃ 現物出資の場合における払込資本の処理

　法的に独立した企業間で，「事業」を現物出資する場合には，企業結合会計基準等の組織再編に関する会計基準が適用される（企業結合会計基準4，5，6，118）。

　そのため，企業結合会計基準等における「取得」に該当する現物出資の場合には時価処理を行い，「共通支配下の取引等・共同支配企業の形成・逆取得」に該当する現物出資の場合には簿価処理を行う。

　「事業」に該当しない個々の資産の現物出資の場合には，発行する株式の時価と現物出資資産の時価のうち，いずれか信頼性の高い時価を払込資本の額とする。

4 ┃ DES（デット・エクイティ・スワップ）の場合における払込資本の処理

　DESとは，事業の移転は伴わず，ある会社に対して債権を有している債権者が，その債権を債務者の株式に振り替えることをいう。DESは，会社の財務内容が悪いときに行われることが多く，通常，債権の評価額は額面額を下回る。その場合の新株の発行価額について，券面額説と評価額説が存在する。会社法上は，いずれの説においてもそれが公平なる会計慣行である限り許されるとしており，債務者側の会計処理は，いずれの説でも認められている。

　一方，DESは，債権者側では金融資産に係る取引であることから「デット・エクイティ・スワップの実行時における債権者側の会計処理に関する実務上の取扱い」（企業会計基準委員会実務対応報告第6号）において，債権者がDESにより取得する株式は，取得時の時価で計上し，消滅した債権の帳簿価額と時価との差額をその事業年度の損益として計上することが明確化されている。

　つまり，債権者の会計処理については評価額説のみが採用されており，券面額説は，債務者側における増加資本の考え方を示しているに過ぎないとされている。

なお，法人税法上の新株の発行価額は，債務者，債権者ともに株式を発行した場合に給付を受けた金銭以外の資産の価額とされており，評価額説に沿った規定を定めている（法令8①一，119）。

5 │ 金銭出資による増資の事例

(1) 前提条件

① P社は決算期が3月の非公開会社である。

② 令和7年（2025年）6月1日に開かれた定時株主総会で承認を受けた令和7年3月期決算数値は以下のとおりであり，設立時から外形標準課税の対象外である。

資本金1億円，資本剰余金2億円（資本準備金0円，その他資本剰余金2億円）

③ 増資の効力発生日を令和7年8月28日とする第三者割当による募集株式の発行等を行い，投資ファンドから総額10億円の資金を調達した。なお，資本金組入額は会社法規定の最低限度額の5億円とする。

(2) 会計処理

資本金の計上額を5億円とするため，残額については資本準備金として処理をする。

（借）現　預　金	10億円	（貸）資　本　金	5億円
		資　本　準　備　金	5億円

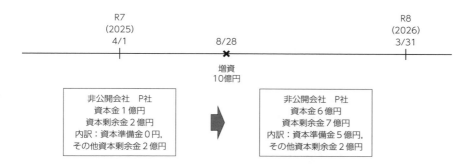

(3) 外形標準課税の適用判定

　令和8年3月期中に行われた10億円の増資により資本金は1億円から6億円，資本剰余金は2億円から7億円に増加する結果，このまま事業年度末を迎えると資本金が1億円を超えることから令和8年3月期は外形標準課税の対象となる。

6 株式会社の増資の手続および効力発生日

　第三者割当における募集株式の発行等による増資は，従前の株主への影響が大きいことから原則として株主総会の特別決議により募集事項等の決定がなされる。この募集事項等には，募集株式の数，払込金額または算定方法，現物出資を認める場合にはその旨・財産の内容・価額，払込期日・払込期間，増加する資本金・資本準備金に関する事項等が挙げられる（会社法199，309②）。

　そして，募集事項として現物出資を定めた場合，会社は，原則として遅滞なく裁判所に検査役の選任の申立てをしなければならない（会社法207）。

　増資の効力発生日については，払込期日が定められた場合は払込期日，払込期間が定められた場合は各自が履行した日となるものの便宜的に払込期間の末日とすることも認められている（会社法209）。

　なお，効力発生日から2週間以内に資本金の額変更の登記を法務局に申請する必要がある。

外形標準課税への影響

- 株式会社は増資による払込金額の2分の1以上を資本金として計上しなければならないため，増資を行う場合には必ず資本金の額が増加する。
- 事業年度終了時の資本金の額が1億円を超えると外形標準課税の対象となるため，増資を行う場合には，資本金の額が1億円を超える可能性があるかを確認し，超える場合には，同一事業年度中に資本金の額を1億円以下とするための減資手続を行うかどうかについて検討が必要となる。
- 増資とあわせて減資を行う場合には，事業年度末までにスケジュールが間に合うかどうかについて留意する必要がある（Q3-3，8-2参照）。

第8章　会計処理の実務対応　資本金の額・資本剰余金の額が増減するケース　**183**

Q8-2　資本金の額または資本剰余金の額が減少する場合

　資本金の額または資本剰余金の額が減少するケースとその減少額について教えてください（組織再編行為によるものを除く。）。

POINT ・・・

☑　資本金の額または資本剰余金の額が減少する会社の行為のうち組織再編以外のものとして，減資，資本剰余金からの配当，自己株式の消却，欠損填補がある。

☑　自己株式を取得した場合には資本金の額および資本剰余金の額は変動しないが，自己株式を消却した場合には資本剰余金の額に変動がある。

☑　欠損填補の取扱いについては，Ｑ8-3参照。

・・

A・解説・・・

1 減 資

(1) 制度概要および会計処理

　株式会社は資本金の額を減少することができる（会社法447①）。

　資本金の額を減少させることを減資といい，一般的には資本金を減少させた金額をその他資本剰余金に計上する事例が多い。会計処理は以下のとおりである。

（借）資　本　金　　　×××　（貸）その他資本剰余金　　　×××

(2) 手 続

① 株式会社の減資の手続および効力発生日

　減資は，会社の基本構造の変更となるため，株主総会の決議および会社債権者を保護するための手続が必要であり，通常約2か月程度の期間がかかることを想定する必要がある。

まず，非公開会社を含む株式会社における資本金の額の減少は，原則として株主総会の特別決議が求められる（会社法447，309②）。

　この決議において，「減少する資本金の額」，「減少する資本金の額の全部または一部を準備金とするときはその旨および準備金とする額」，「資本金の額の減少がその効力を生ずる日（いわゆる効力発生日）」を定めなければならない。なお，減少する資本金の額については，効力発生日における資本金の額を超えてはならないとの規定があるため資本金をマイナスとすることはできない（会社法447②）。

　次に，資本金の額の減少は，株主への会社財産の流出となる可能性を生じさせることから，会社債権者を保護するための手続が必要となる。

　そして，資本金の額の減少は，原則として株主総会で定めた日に効力が生じる。ただし，債権者の異議に関する手続がすべて終了していない場合には，効力発生は当該手続完了時点となる。なお，会社は株主総会で定めた効力発生日まではいつでも当該日を変更することができる。

　最後に，増資する際と同様に，効力発生日から2週間以内に資本金の額変更の登記を法務局に申請する必要がある。

　なお，資本準備金の減少についても原則として株主総会の普通決議および会社債権者を保護するための手続が必要である（会社法448①，449）。

②　株式会社の減資に関する債権者保護手続（会社法449）

　減資を行う場合には，株式会社は，資本金等の額の減少の内容，株式会社の計算書類に関する事項として法務省令（会計規152）で定めるもの，債権者が1か月以内に異議を述べることができる旨を官報に公告し，かつ，原則として，知れている債権者には，各別にこれを催告しなければならない。

　債権者が異議を述べなかったときは，当該債権者は，資本金の額の減少について承認をしたものとみなされる。

　また，債権者が，期間内に異議を述べた場合には，原則として，会社は弁済または相当の担保の提供または相当の財産の信託をしなければならないとされ

第8章　会計処理の実務対応　資本金の額・資本剰余金の額が増減するケース　**185**

ている。

2 ┃ 資本剰余金からの配当

(1) 制度概要および会計処理

　株式会社は，その株主に対し剰余金の配当をすることができる（会社法453）。

　株主に対して資本の払戻しを行う場合は，資本剰余金を原資とする配当を行う決議をする（会社法454①）。

　資本剰余金を原資とする配当における配当財産が金銭以外の財産である場合，配当の効力発生日における配当財産の時価と適正な帳簿価額との差額は配当効力発生日の属する期の損益とし，配当財産の時価をもって，その他資本剰余金を減額する。ただし，企業集団内の企業へ配当する場合等一定の場合には，配当財産の適正な帳簿価額をもって，その他資本剰余金を減額する（自己株式等適用指針10）。会計処理は以下のとおりである。

① 金銭配当の場合

（借）　その他資本剰余金	×××	（貸）　現　　預　　金	×××

② 金銭以外の財産による配当・時価減額の場合（[前提] 財産の時価100，簿価80)

（借）　その他資本剰余金	100	（貸）　財　　　　産	80
		利　　　　益	20

③ 金銭以外の財産による配当・簿価減額の場合（[前提] 財産の時価100，簿価80)

（借）　その他資本剰余金	80	（貸）　財　　　　産	80

3 ┃ 自己株式の取得・消却

(1) 制度概要および会計処理

株式会社が自ら保有している自己の株式を自己株式という（会社法113④）。株式会社は株主との合意により自己株式を有償で取得することができ，また，取得した自己株式を消却することができる。会計処理は以下のとおりである。

① 自己株式の取得（自己株式等会計基準7）

取得した自己株式は，取得価額をもって純資産の部の株主資本から控除する。

（借） 自 己 株 式	×××	（貸） 現 預 金	×××

② 自己株式の消却（自己株式等会計基準11，12）

自己株式を消却した場合には，消却の対象となった自己株式の帳簿価額をその他資本剰余金から減額する。

（借） その他資本剰余金	×××	（貸） 自 己 株 式	×××

なお，上記仕訳の結果，その他資本剰余金の残高が負の値となった場合には，期末においてその他資本剰余金の残高を零とし，その負の値をその他利益剰余金から減額する。

(2) 自己株式の取得手続

① 株主総会の決議

株式会社が株主との合意により自己株式を有償で取得するには，あらかじめ，株主総会の決議によって「取得する株式の数」，「株式を取得するのと引き換えに交付する金銭等の内容及び総額」，「株式を取得することができる期間」を定める（会社法156①）。なお，取締役会設置会社においては，この決定は取締役会の決議によらなければならない（会社法157②）。

② 特定の株主からの自己株式の取得

会社が特定の株主との合意により自己株式を有償で取得する場合には，上記①の株主総会の決議によって，全株主に通知を送るのではなく，特定の株主に対してのみ通知を行うことを決定することができる（会社法160①）。

この場合には，当該特定の株主以外の株主に対して，株主総会の2週間前までに「特定の株主に自己をも加えたものを株主総会の議案とすることを請求することができる旨」を通知しなければならない（会社法160②③）。

なお，特定の株主から株式を取得する場合，株主総会決議は特別決議となる（会社法309②二）。

(3) 自己株式の消却手続

株式会社は自己株式を消却することができる（会社法178①）。取締役会設置会社において，消却する自己株式の数を取締役会の決議によって定めなければならない（会社法178②）。

外形標準課税への影響

- 外形標準課税の対象法人である資本金1億円超の法人が減資により資本金を1億円以下とした場合においても，資本金と資本剰余金の合計が10億円超の場合には外形標準課税の対象となるため，外形標準課税の適用に関する検討においては，資本剰余金（資本準備金とその他資本剰余金）の増減事由についても把握することが必要となる。
- その他資本剰余金による配当を行うことにより資本剰余金を減少させることができるが，令和6年改正法が公布された日以後にその他資本剰余金の配当を行った場合には，親会社規模判定における特定法人の100%子法人等の「資本金と資本剰余金の合計額が2億円超」の判定において当該配当額を加算する必要があるため留意する必要がある。
- 自己株式の取得を行うだけでは資本金と資本剰余金の額に変動がないため，取得した自己株式を消却してはじめて外形標準課税の判定に影響することに留意する。

Q8-3 欠損填補を行う場合

資本金の額または資本剰余金の額が減少するケースである欠損填補を行った場合の取扱いについて教えてください。

POINT
- ☑ 資本剰余金の利益剰余金への振替は，原則として認められないが，利益剰余金のマイナスを補填する手続である，いわゆる欠損填補を行う場合には例外として認められる。
- ☑ 資本金を直接欠損に充当することはできないため，資本金を原資として欠損填補を行う場合には，別途資本金をその他資本剰余金に振り替える減資の手続が必要となる。

A・解説

1 | 欠損填補の会社法の取扱い

利益剰余金のマイナスを補填する手続である，いわゆる欠損填補は会社法上，剰余金の処分手続により行われることとなり，資本金を直接欠損に充当することはできない。したがって，資本金の減少を伴う場合には減資手続が別途必要とされる。減資は，原則として株主総会の特別決議が求められる（会社法447，309②）が，定時株主総会で決議する場合で，かつ欠損の額を超えない範囲での資本金の減少については株主への影響が少ないことなどから普通決議による承認が認められている。減資により資本金からその他資本剰余金に振り替えられた金額は株主総会の決議により，利益剰余金に振り替えることで欠損填補が行われる（会社法452）。

2 | 欠損填補の会計上の取扱い

企業会計上，資本剰余金と利益剰余金の混同を禁止する企業会計の原則が存

在するため，資本剰余金と利益剰余金を混同してはならない。この考えに基づくと，資本剰余金の利益剰余金への振替は原則として認められない。

ただし，負の残高となった利益剰余金を将来の利益を待たずにその他資本剰余金で補うのは，払込資本に生じている毀損を事実として認識するものであり，払込資本と留保利益の区分の問題に当たらないとされる。よって，その他資本剰余金の処分による欠損填補は認められている。

また，その他資本剰余金による補填の対象となる利益剰余金は，直近の定時株主総会で承認を受けた年度決算の負の残高に限られる。期中において発生した利益剰余金の負の値をその都度資本剰余金で補填することは，年度決算単位でみた場合，資本剰余金と利益剰余金の混同になることがあるからである（自己株式等会計基準60，61）。

なお，利益剰余金の負の残高とは，利益準備金等がある場合には，それらも考慮したうえでの負の残高であり，利益準備金等の金額が利益剰余金の負の値を超える場合には欠損填補は認められないことに留意が必要である。

3 ┃ 設 例

(1) 前提条件

① P社は決算期が3月の株式会社である。

② 令和7年（2025年）6月1日に開かれた定時株主総会で承認を受けた令和7年3月期決算数値は以下のとおりであり，設立時から外形標準課税の対象法人である。

資本金6億円，資本剰余金6億円（資本準備金6億円，その他資本剰余金0円），利益剰余金△5億円

③ 資本金5億円を減資し，当該減資により生じたその他資本剰余金をもって欠損填補を行うこととする。

④ 欠損填補の効力発生日を令和7年10月1日とする定時株主総会決議を経て5億円全額の欠損填補を行った。

(2) 会計処理

① 欠損填補のための財源として減資を行う。

(借) 資　本　金　　5億円　(貸) その他資本剰余金　　5億円

② 減資により生じたその他資本剰余金をもって欠損填補を行う。

(借) その他資本剰余金　　5億円　(貸) その他利益剰余金　　5億円
　　　　　　　　　　　　　　　　　　　 (繰越利益剰余金)

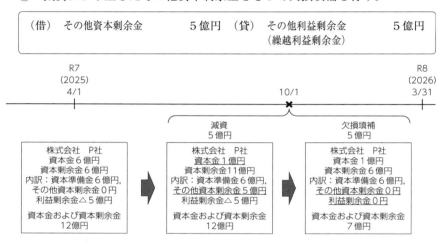

(3) 外形標準課税の適用判定

　まず、5億円の減資により、資本金は6億円から1億円に減少する。また、その他資本剰余金は0円から5億円に増加するため、資本準備金6億円と合わせて資本剰余金は11億円となるが、直ちにその他資本剰余金5億円の処分により欠損填補を行うことでその他資本剰余金は5億円から0円に減少する。したがって、欠損填補後の資本剰余金は6億円となる。その結果、令和8年3月期の資本金は1億円、資本金と資本剰余金の合計額は7億円となり、令和8年3月期は外形標準課税の対象外となる。

4　欠損填補を行った場合の「資本金等の額」の計算に関する留意点

　外形標準課税の適用判定は、貸借対照表に記載されている資本金と資本剰余

金を基礎として行うため，適切な判定を行うためには会計処理を確認する必要がある。

　一方で，外形標準課税の資本割の課税標準額となる「資本金等の額」の計算においては，欠損填補の取扱いについて会計処理と異なる取扱いを設けている。論点を混同しないように留意する必要がある。

(1)　法人税法の規定における資本金等の額

　その他資本剰余金を減少して欠損填補をした場合においても，法人税法上の資本概念である「資本金等の額」の計算では，その減少を認識しない。税務上は，原則として株主に対する払戻しが行われた場合に資本取引として取り扱う。欠損填補は，株主に対する払戻しが行われたわけではなく単に株主資本内部で振替が行われたに過ぎないため，変動は生じない（法令8）。

(2)　資本割の課税標準額である資本金等の額

　資本割の課税標準となる資本金等の額は，原則として法人税法上の資本金等の額となるが，平成18年5月1日以後に，資本金の額または資本準備金の額を減少し，その他資本剰余金として計上した日から起算して1年以内に損失の填補に充てた場合には，その充てた金額に限り資本金等の額から控除する。

外形標準課税への影響

　資本金1億円超，かつ，資本金と資本剰余金の合計額が10億円超である外形標準課税の対象法人が，金銭の払戻しを伴わない名目的な減資を行い資本金が1億円以下となった場合においても，引き続き資本金と資本剰余金の合計額が10億円超であるときは外形標準課税の対象となる。なお，欠損填補により資本剰余金を減少させた場合には，10億円超の判定において当該減少額を加算する措置は設けられていないため，欠損填補を検討する際には，その後における外形標準課税の適用の有無についても考慮する必要がある。

Q8-4 資本金の額または資本剰余金の額が増加する組織再編の範囲

　資本金の額または資本剰余金の額が増加する組織再編の種類と，これらの組織再編に係る対価の交付について教えてください。

POINT ・・・

☑ 　資本金の額または資本剰余金の額が増加する組織再編の種類として，合併，会社分割，株式交換，株式移転および株式交付がある。

☑ 　これらの組織再編に係る当事者のうち，資本金の額または資本剰余金の額が増加するのは，合併存続会社，分割承継会社，株式交換完全親会社，株式移転設立完全親会社および株式交付親会社である。

☑ 　これらの組織再編に係る対価として，新たに発行する株式または保有する自己株式を交付する場合と金銭等の財産を交付する場合があり，前者の場合において，資本金の額または資本剰余金の額が増加する。

・・・

A・解説 ・・

1 ┃ 組織再編の種類

(1) 合　併

　合併とは，2つ以上の会社が1つの会社となり，消滅する会社の権利義務の全部を他の会社に承継させる行為であり，ある会社が他の会社を吸収する合併を吸収合併といい，複数の会社が合併して新しい会社を設立する合併を新設合併という（会社法2二十七，二十八）。

■吸収合併のイメージ（合併存続会社：A社，合併消滅会社：B社）

■新設合併のイメージ（すべての合併当事者が合併消滅会社となる）

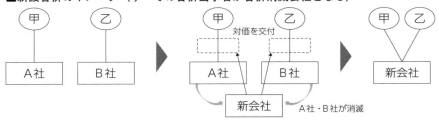

　吸収合併を採用する場合，消滅会社は存続会社に吸収されてしまうため，ケースによっては消滅会社の従業員等にマイナスの心象を与えてしまう可能性がある。そこで，従業員を含むステークホルダーに対して対等な合併であることをアピールするために新設合併が採用されることがある。

(2) 会社分割

　会社分割とは，分割した事業に係る権利義務を他の会社に包括的に承継させる行為であり，承継先が既存の他社であるものを吸収分割，承継先が新規設立会社であるものを新設分割という（会社法2二十九，三十）。

　また，分割対価が分割会社に交付される会社分割を分社型分割といい，分割対価が分割会社の株主に交付される会社分割を分割型分割という。会社法の規定では，分割型分割は分社型分割と分割対価の剰余金の処分の組み合わせとして取り扱われている。

■吸収分社型分割のイメージ（吸収分割会社：A社，吸収分割承継会社：B社）

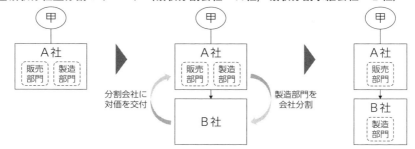

■新設分割型分割のイメージ（新設分割会社：A社，新設分割承継会社：新会社）

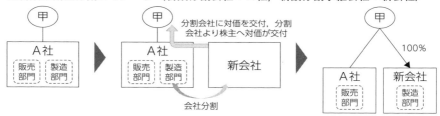

(3) 株式交換

株式交換とは，既存の株式会社の発行済株式のすべてを他の株式会社または合同会社に取得させる行為である（会社法2三十一）。

■株式交換のイメージ（株式交換完全親会社：A社，株式交換完全子会社：B社）

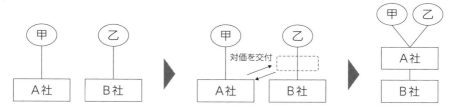

(4) 株式移転

株式移転とは，1つまたは2つ以上の株式会社がその発行済株式の全部を新たに設立する株式会社に取得させる行為である（会社法2三十二）。

■単独株式移転のイメージ（株式移転設立完全親会社：新会社，株式移転完全子会社：A社）

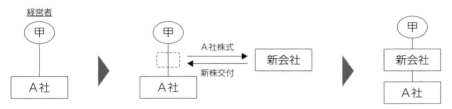

(5) 株式交付

株式交付とは，株式会社が他の株式会社を子会社とするために支払う対価として自社株式の交付を行う行為である（会社法2三十二の二）。

株式交換と異なり，完全子会社化を目指さない場合に使われる組織再編制度であり，当該株式交付により新たに子会社となる場合にのみ適用することができる。

■株式交付のイメージ（株式交付親会社：A社，株式交付子会社：B社）

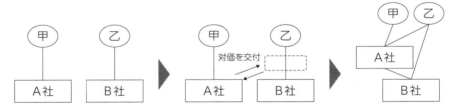

2 資本金の額または資本剰余金の額が増加する組織再編

組織再編により資産や事業を承継する会社（合併存続会社，分割承継会社，株式交換完全親会社，株式移転設立完全親会社および株式交付親会社）は，組織再編の他の当事者に対価を交付することとなる。

組織再編の対価としては以下の3つが認められている。

① 株式を新たに発行する（新株発行）

> ② 自己株式を交付する(自己株式の処分)
> ③ 上記①②以外の財産(例えば,現金や親会社株式など)を交付する(自社株式以外の交付)

　このうち,①新株発行,②自己株式の処分については,増資の場合と同様に払込資本(資本金または資本剰余金)が増加することとなり(結合分離適用指針79),自己株式の処分の場合には,増加すべき株主資本の額(新株の発行と自己株式の処分の対価の額)から処分した自己株式の帳簿価額を控除した額を払込資本の増加(マイナスとなる場合にはその他資本剰余金の減少)として会計処理を行う(結合分離適用指針80)。

　なお,払込資本の内訳(資本金,資本準備金,その他資本剰余金)は原則として会社法の規定に基づき決定することとされている(Q8-5,Q8-6参照)。

　なお,吸収型の組織再編(吸収合併,吸収分割,株式交換)については,対価を交付しない無対価の組織再編を行うことが可能であるが,100%グループ内での組織再編のように組織再編の前後で資本構成に変化がないケースではその他資本剰余金,その他利益剰余金が増加することとなる(Q8-9参照)。

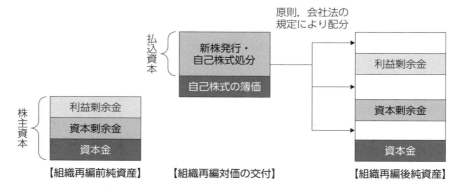

3 組織再編の対価として新株や自己株式以外の財産の交付をした場合

　吸収型再編では，新株や自己株式以外に現金を交付することや，いわゆる三角合併等の親会社株式を交付することも認められている。この場合，対価として交付した財産の時価と組織再編の前日における適正な帳簿価額との差額は損益として処理され，払込資本は増加しない（結合分離適用指針81，82）。

Q8-5 企業結合会計の概要

組織再編成に関する会計処理である企業結合会計の概要と，企業結合によって株主資本が増加する場合の会計処理の概要について教えてください。

POINT ∙∙∙

☑ 組織再編成により企業や企業を構成する事業が1つの報告単位に統合されることを企業結合といい，企業結合会計基準においてその会計処理が定められている。

☑ 企業結合の会計処理は「取得」，「共通支配下の取引等」，「共同支配企業の形成」の3つに分類される。

☑ 企業結合により移転する資産負債は，その企業結合の分類に応じて時価で処理する場合と，移転前の適正な帳簿価額で処理する場合があり，増加する株主資本についてもこれに応じて処理することになる。

∙∙∙

A·解 説 ∙∙

1 企業結合の会計処理の種類

組織再編成により企業や企業を構成する事業が1つの報告単位に統合されることを企業結合といい，企業結合会計基準においてその会計処理が定められている。企業結合会計基準における企業結合の会計処理は，以下の3つに分類される。

① 取得
② 共通支配下の取引等
③ 共同支配企業の形成

②の共通支配下の取引等とは，企業集団内における組織再編成の会計処理で

第8章　会計処理の実務対応　資本金の額・資本剰余金の額が増減するケース　**199**

あり，「共通支配下の取引」と「非支配株主との取引」にて構成される。

　「共通支配下の取引」とは，結合当事企業のすべてが企業結合の前後で同一株主に支配され，かつその支配が一時的ではない場合の企業結合をいう（企業結合会計基準16）。例として，親会社と子会社の合併等が挙げられる。

　「非支配株主との取引」とは，非支配株主（少数株主）から子会社株式を追加取得する取引である。例として，親会社がすでに50％超保有している子会社の株式を少数株主から追加取得して100％子会社とする株式交換等が挙げられる。

　③の共同支配企業の形成とは，複数の独立した企業が契約等に基づき当該企業等により共同で支配される企業（共同支配企業という。）を形成する企業結合である（企業結合会計基準11）。例として，独立した2社が共同新設分割を行い，当該新設会社を共同支配する契約を締結した場合等が挙げられる。

　上記②③以外の企業結合を「取得」という。①の取得とは，ある企業が他の企業等に対する支配を獲得することをいう。例として，企業が資本関係のない他の企業を吸収合併した場合等が挙げられる。

2 ▏企業結合会計における個別財務諸表の会計処理の概要

(1)　移転する資産・負債の会計処理

　企業結合が取得に該当する場合，取得企業（支配を獲得する企業）における被取得企業または取得した事業の取得原価は，原則として取得の対価の企業結合日における時価で算定する。当該取得原価は，移転する資産および負債に対してそれぞれの時価で配分し，取得企業において当該配分された時価にて資産および負債の受入処理を行う。ただし，消滅会社が取得企業となる吸収合併など，「逆取得」に該当する場合には，存続会社の個別財務諸表では当該取得企業（消滅会社）の資産および負債を合併直前の適正な帳簿価額により計上する。

　企業結合が共通支配下の取引等または共同支配企業の形成に該当する場合には，当該企業結合により移転する資産および負債を移転の直前に付されていた適正な帳簿価額により計上する。

(2) 増加株主資本の会計処理

　企業結合における増加資本の会計処理の基本的な考え方としては，対価が新株の発行である場合を前提とすると，(1)と同様に，取得の場合には時価を払込資本（資本金または資本剰余金）とし，共通支配下の取引等および共同支配企業の形成の場合には，適正な帳簿価額による純資産額を払込資本とする。払込資本の内訳（資本金，資本準備金またはその他資本剰余金）は，会社法の規定に基づき決定するが，金銭出資の場合と異なり，資本金の額の計上は強制されないため，基本的には，組織再編に伴って外形標準課税の適用が不可避となることはない。

第8章　会計処理の実務対応　資本金の額・資本剰余金の額が増減するケース　201

Q8-6 資本金の額または資本剰余金の額が増加する組織再編成について，受け入れた資産負債を時価で評価する場合の会計処理

組織再編成により資本金の額または資本剰余金の額が増加する場合において，その増加額を時価で評価するケースとその会計処理を教えてください。

POINT

☑ 組織再編成による企業結合が取得（支配の獲得）に分類される場合，その支配の獲得により取得した資産および負債の取得原価は交付する対価の額（時価）で算定し，当該時価により会計処理を行う（パーチェス法）。そのため，企業結合により増加する払込資本の額は，対価である時価の分だけ増加することになる。

☑ 払込資本の内訳（資本金，資本準備金またはその他資本剰余金）は契約により自由に定めることができる。

A·解説

1 取得に該当する場合の払込資本の増加額

組織再編成による企業結合が取得に分類される場合，取得企業（支配を獲得する企業）と被取得企業を決定する必要がある。取得企業の決定は連結会計基準に則り，議決権や相対的な規模の大きさ等を考慮して行われる（結合分離適用指針32）。一般的には合併存続会社，分割承継会社，株式交換完全親会社，および株式移転設立完全親会社が取得企業となり，合併消滅会社，分割会社，株式交換完全子会社，および株式移転完全子会社が被取得企業となる。

取得企業が被取得企業から取得した資産および負債の取得原価は交付する対価の額（時価）で算定し，当該時価により会計処理を行う（パーチェス法）。そのため，企業結合により増加する払込資本の額は，対価である時価の分だけ

増加することになる。なお，受け入れた資産および引き受けた負債のうち識別可能なものに取得原価を配分するが，取得原価と取得原価の配分額に差額が生じた場合はのれん（または負ののれん）として処理をする。

2 ┃ 取得対価が株式である場合の時価の算定方法

企業結合にあたり，取得企業は非取得企業に対価を支払う。取得の場合の被取得企業等の取得原価は，取得の対価の時価で算定することが原則とされている。

なお，Ｑ8-4で述べたように，企業結合の対価として以下の3つが存在する。

---

① 株式を新たに発行する（新株発行）
② 自己株式を交付する（自己株式の処分）
③ 上記①②以外の財産（例えば，現金や親会社株式など）を交付する（自社株式以外の交付）

支払対価が現金以外の資産の引渡し，負債の引受けまたは株式の交付の場合には，支払対価となる財の時価と被取得企業または取得した事業の時価のうち，より高い信頼性をもって測定可能な時価で算定することとされており，支払対価が取得企業の株式の交付の場合（上記①②の場合）の取得対価の算定方法の判定は以下のとおりに行う。

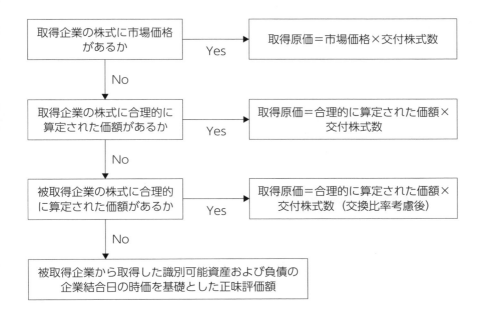

3 取得の場合の払込資本の処理

　企業結合が取得に該当する場合，その取得対価である時価の分だけ払込資本（資本金，資本準備金またはその他資本剰余金）が増加することになる（自己株式の処分の場合には，増加すべき株主資本の額から処分した自己株式の帳簿価額を控除した額を払込資本の増加とする。）。

　増加すべき払込資本の内訳項目（資本金，資本準備金またはその他資本剰余金）は，会社法の規定（会社法445⑤）に基づき基本的には契約において自由に定めることができる（結合分離適用指針385）。すなわち，資本金を増加させるかどうかは任意となる。

4 設例（取得に該当する吸収合併の場合）

(1) 前提条件
- A社（取得企業）はB社（被取得企業）を吸収合併し，合併の対価として

B社の株主にA社株式を4百万株交付する（すべて新株発行）。
- A社の資本金は1億円，その他資本剰余金は7億円，利益剰余金は0円であり，株主はすべて個人である（A社は，前事業年度において外形標準課税の対象法人ではない。）。
- 合併期日におけるA社株式の時価は1株当たり100円であり，当該価額を企業結合における取得原価とする。
- B社の合併期日の諸資産の時価は3億円（帳簿価額は2億円）であり，負債は0円である。
- 合併契約において払込資本は全額その他資本剰余金とする。

(2) 会計処理

取得対価であるA社の株式の時価が1株当たり100円であり対価として400万株交付しているため，本合併に係る取得対価は4億円となる。合併契約により払込資本は全額その他資本剰余金とするため，その他資本剰余金が4億円増加する。また，受け入れた諸資産も時価（3億円）で配分するが，取得対価との間に1億円の差額があるため，当該差額はのれんとして処理をする。仕訳にすると以下のとおりである。

（借）諸　資　産	3億円	（貸）その他資本剰余金	4億円
の　れ　ん	1億円		

合併前後におけるA社の払込資本の内訳は以下のとおりである。

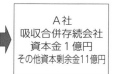

(3) 外形標準課税の適用判定

A社は吸収合併により，その他資本剰余金が4億円増加するため，合併後の

その他資本剰余金の額は11億円となる。したがって，資本金および資本剰余金の合計額が10億円を超過することになるが，資本金の額は合併前と同様に１億円以下であり，かつ前事業年度において外形標準課税の対象法人ではないため，当事業年度末においても外形標準課税の対象とはならない。

Q8-7 資本金の額または資本剰余金の額が増加する組織再編成について，受け入れた資産負債を帳簿価額で評価する場合の会計処理

組織再編成により資本金の額または資本剰余金の額が増加する場合において，その増加額を適正な帳簿価額で評価するケースとその会計処理を教えてください。

POINT ....

☑ 組織再編成による企業結合が共通支配下の取引等，共同支配企業の形成および逆取得に分類される場合，取得対価は吸収合併消滅会社等の適正な帳簿価額による株主資本の額を基に算定される。

☑ 払込資本の内訳（資本金，資本準備金またはその他資本剰余金）は契約により自由に定めることができる。

....

A・解説 ....

1 ┃ 企業結合を適正な帳簿価額により処理するケース

企業結合が共通支配下の取引等，共同支配企業の形成および逆取得に分類される場合，取得対価は合併消滅会社等（一般的には合併消滅会社，分割会社，株式交換完全子会社，および株式移転完全子会社が該当する。）の適正な帳簿価額による株主資本の額を基に算定される。

逆取得とは，吸収合併の際に消滅会社の株主が存続会社の支配権を取得することである。例として，2社が吸収合併を行い存続会社が消滅会社に新株発行を行った結果，旧消滅会社の株主が存続会社の議決権の過半数を占める場合等が挙げられる。

これらの場合における取得原価は，合併消滅会社等の適正な帳簿価額による株主資本の額を払込資本（資本金，資本準備金またはその他資本剰余金）として処理する。なお，払込資本額の増加の際に意図的に資本金を増加しない限り，

第8章　会計処理の実務対応　資本金の額・資本剰余金の額が増減するケース　**207**

前事業年度に外形標準課税の対象となっている会社および特定法人の100％子会社等を除き外形標準課税の判定に影響を及ぼさない点はＱ8-6と同様である。

2 設例（逆取得に該当する吸収合併の場合）

(1)　前提条件

- 消滅会社Ｂ社が取得企業となり，存続会社Ａ社が被取得企業となる逆取得の吸収合併である。
- Ａ社の資本金は1億円，その他資本剰余金は9億円，利益剰余金0円であり，株主はすべて個人である（Ａ社は，前事業年度において外形標準課税の対象法人ではない。）。
- Ａ社は合併の対価として全額新株発行を行った。
- Ｂ社の合併期日の諸資産の帳簿価額は21億円，負債は0円である。
- 合併契約において払込資本は全額その他資本剰余金とする。

(2)　会計処理

　消滅会社Ｂ社が取得企業となる逆取得に該当するため，存続企業であるＡ社は，Ｂ社の資産および負債を合併直前の適正な帳簿価額にて受け入れ，合併期日の前日の適正な帳簿価額による株主資本の額を払込資本（資本金または資本剰余金）として処理する。仕訳にすると以下のとおりである。

（借）諸　資　産	21億円	（貸）その他資本剰余金	21億円

　合併前後におけるＡ社の払込資本の内訳は以下のとおりである。

Ａ社 吸収合併存続会社 かつ被取得企業 資本金1億円 その他資本剰余金9億円	Ｂ社 吸収合併消滅会社 かつ取得企業 諸資産簿価21億円	➡	Ａ社 吸収合併存続会社 資本金1億円 その他資本剰余金30億円	Ｂ社 吸収合併消滅会社 諸資産簿価21億円

⑶　外形標準課税の適用判定

　　A社は吸収合併によりその他資本剰余金が21億円増加するため，資本金および資本剰余金の合計額が10億円を超過することになるが，資本金の額は合併前と同様に1億円以下であり，かつ前事業年度において外形標準課税の対象法人ではないため，当事業年度末においても外形標準課税の対象とはならない。

第8章 会計処理の実務対応 資本金の額・資本剰余金の額が増減するケース 209

Q8-8 分割型分割における分割会社の純資産の部の会計処理

分割型分割における分割会社の純資産の部の会計処理について教えてください。

POINT
☑ 分割型分割を行った分割会社の株主資本は，移転事業に係る株主資本相当額と同額が減少する。
☑ 減少させる株主資本の内訳（資本金・資本剰余金・利益剰余金）は，取締役会等の会社の意思決定機関において定められた額とする。

A・解 説
以下，設例で解説する。

(1) 前提条件
- 株主Aは分割会社および分割承継会社の株式を所有する。
- 分割会社が，分割型分割により，事業の一部を分割承継会社に移転する。
- 分割により移転する資産の簿価は2億円，負債の簿価は0.5億円であり，その差額（移転簿価純資産）は1.5億円である。

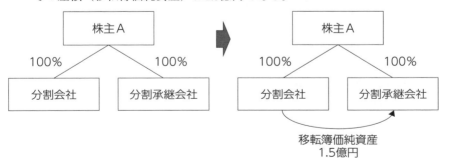

- 分割前における分割会社の貸借対照表は以下のとおりである。

■分割前の分割会社の貸借対照表

借方		貸方		
科目	分割前	科目		分割前
資産	5億円	負債		1億円
			資本金	1億円
			その他資本剰余金	2億円
			繰越利益剰余金	1億円
		株主資本（純資産）		4億円
資産計	5億円	負債・純資産計		5億円

- 分割会社が取得した分割承継会社株式を株主Aに交付するにあたり，その他資本剰余金を減少させる。

(2) 会計処理

① 分割型分割の会計処理

会社分割により取得する対価は分割承継会社の株式のみで，移転事業に関する投資が継続しており，分割承継会社の株式は移転事業に係る資産および負債の帳簿価額の差額（1.5億円）に基づいて算定する。

（借） 分割承継会社株式	1.5億円	（貸） 移転純資産 （資産・負債）	1.5億円

② 株式の分配の会計処理

分割会社は，受け取った分割承継会社の株式の取得原価により株主資本を減少させる。減少させる株主資本の内訳は，取締役会の決定による。本設例ではその他資本剰余金1.5億円を減少させる。

第8章 会計処理の実務対応 資本金の額・資本剰余金の額が増減するケース **211**

| （借） その他資本剰余金 | 1.5億円 | （貸） 分割承継会社株式 | 1.5億円 |

③ 株主資本への影響

分割会社の資本剰余金は，取締役会の決定により分割前の2億円から1.5億円減少し，0.5億円となる。

■**分割前後の分割会社の貸借対照表**

借方				貸方				
科目	分割前	分割	分割後	科目		分割前	分割	分割後
資産	5億円	△2億円	3億円	負債		1億円	△0.5億円	0.5億円
					資本金	1億円	-	1億円
					その他資本剰余金	2億円	△1.5億円	0.5億円
					繰越利益剰余金	1億円	-	1億円
				株主資本（純資産）		4億円	△1.5億円	2.5億円
資産計	5億円	△2億円	3億円	負債・純資産計		5億円	△2億円	3億円

Q8-9 対価を交付しない場合の組織再編における純資産の部の会計処理

対価を交付しない場合の組織再編における純資産の部の会計処理について教えてください。

POINT

☑ 会社法上，無対価の組織再編が認められている。

☑ 100％完全親会社が子会社を無対価合併する場合，資本金または資本剰余金は変動しない。

☑ 100％完全親子会社関係にある子会社同士が無対価合併する場合，合併消滅会社である子会社の資本金および資本剰余金はその他資本剰余金として，利益剰余金はその他利益剰余金として引き継ぐ。

☑ 100％完全親子会社関係にある子会社が他の子会社に吸収分割する場合，または100％完全親会社が子会社に吸収分割する場合，分割会社は移転した事業の資産および負債の差額について，株主資本を変動させ，その内訳（資本金・資本剰余金・利益剰余金）は，取締役会等の会社の意思決定機関において定められた額とする。また，分割承継会社は分割会社で減少させた資本金および資本剰余金はその他資本剰余金として，利益剰余金はその他利益剰余金として引き継ぐ。

A·解説

1 会社法および会計基準概略

会社法上，一定の組織再編（吸収合併・吸収分割・株式交換等）について，対価を交付しない，いわゆる「無対価」の組織再編が認められており，実務上，以下のような無対価組織再編が行われるケースがある。

(1) 100％完全親会社が子会社を吸収合併する場合

(2) 100％完全親子会社関係にある子会社同士が吸収合併する場合
(3) 100％完全親子会社関係にある子会社が他の子会社に吸収分割する場合
(4) 100％完全親会社が子会社に吸収分割する場合

なお，無対価株式交換は会社法上認められているものの，会社計算規則において増加資本の取扱いは定められていない。

2 会計処理

(1) 100％完全親会社が子会社を吸収合併する場合

吸収合併存続会社が合併直前に保有する吸収合併消滅会社株式のことを抱合せ株式といい，吸収合併存続会社である親会社が保有する子会社株式がこれに該当する。会社法上，当該抱合せ株式に新株の割当てをすることができないと規定されていることから，100％子会社と合併する際に対価を交付することができない。

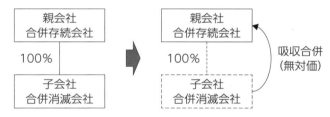

●親会社の会計処理

まず，親会社が子会社から受け入れる資産および負債は，合併期日の前日に付された子会社の適正な帳簿価額により計上する。

次に，子会社から受け入れた資産と負債との差額（株主資本）と，親会社が合併直前に保有していた子会社株式（抱合せ株式）の適正な帳簿価額との差額を特別損益に計上する。

(借)	資　　　産	×××	(貸)	負　　　債	×××
				子 会 社 株 式 （抱合せ株式）	×××
				抱合せ株式消滅差益 （ 特 別 損 益 ）	×××

(2) 100％完全親子会社関係にある子会社同士が吸収合併する場合

　100％完全親子会社関係にある子会社同士の吸収合併においては，合併の対価を支払うか否かにかかわらず，親会社の当該子会社に対する持分比率は合併の前後で100％と変化はなく，企業集団の経済実態には何ら影響がないため，実務上，合併の対価を支払わない場合がある。

　そのため，対価の支払の有無が会計処理に大きな影響を与えることは適当ではないと考えられ，無対価の場合においても，吸収合併存続会社は吸収合併消滅会社の株主資本を引き継ぐこととされている。

●吸収合併存続会社である子会社の会計処理

　まず，吸収合併消滅会社である他の子会社から受け入れる資産および負債は，合併期日の前日に付された当該他の子会社の適正な帳簿価額により計上する。

　次に，会社法上，無対価の場合において，吸収合併存続会社が資本金および資本準備金を増加させることは適当ではないと解されるため，増加すべき株主資本の内訳項目については，吸収合併消滅会社の資本金および資本剰余金はそ

の他資本剰余金として引き継ぎ，利益剰余金はその他利益剰余金として引き継ぐことになる。

(借) 資　　産	×××	(貸) 負　　債	×××
		その他資本剰余金 （消滅会社の資本金 および資本剰余金）	×××
		その他利益剰余金 （消滅会社の 利益剰余金）	×××

(3) 100％完全親子会社関係にある子会社が他の子会社に吸収分割する場合と，100％完全親会社が子会社に吸収分割する場合

　実務上，100％完全親子会社関係にある子会社が2社あり，一方の完全子会社（吸収分割会社）から他の完全子会社（吸収分割承継会社）に事業の移転を行い，他の完全子会社が対価を支払わないとき，あるいは100％完全親会社（吸収分割会社）が子会社（吸収分割承継会社）に対して事業の移転を行い，完全子会社が対価を支払わないときがある。このような場合にも，(2)と同様の理由から，吸収分割会社で取り崩した株主資本の額を吸収分割承継会社が引き継ぐこととされている。

■100％完全親子会社関係にある子会社が他の子会社に吸収分割する場合

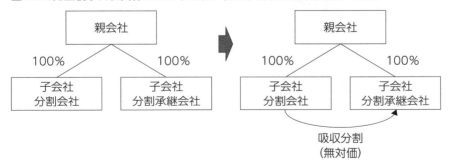

■100％完全親会社が子会社に吸収分割する場合

① 吸収分割会社の会計処理

　対価の支払がないため，移転した事業の資産および負債の差額について，株主資本を変動させ，その内訳（資本金・資本剰余金・利益剰余金）は，取締役会等の会社の意思決定機関において定められた額とする。

（借）資　本　金	×××　（貸）移 転 純 資 産	×××
資 本 剰 余 金	×××　　　　（資産・負債）	
利 益 剰 余 金	×××	

② 吸収分割承継会社の会計処理

　まず，吸収分割会社から受け入れる資産および負債は，分割期日の前日に付された吸収分割会社の適正な帳簿価額により計上する。

　次に，会社法上，無対価の場合において，吸収分割承継会社が資本金および資本準備金を増加させることは適当ではないと解されるため，増加すべき株主資本の内訳項目については，吸収分割会社の資本金および資本剰余金はその他資本剰余金として引き継ぎ，利益剰余金はその他利益剰余金として引き継ぐことになる。

第8章　会計処理の実務対応　資本金の額・資本剰余金の額が増減するケース　**217**

（借）　移 転 純 資 産 （資 産 ・ 負 債）	×××（貸）	その他資本剰余金 （分割会社で減少 させた資本金および 資 本 剰 余 金 ）	×××
		その他利益剰余金 （分割会社で減少 させた利益剰余金）	×××

■執筆者紹介

東　博士	税理士・中小企業診断士
奥村　宗史	公認会計士
片谷　和美	税理士
門田　英紀	公認会計士・税理士
小林　貴之	公認会計士
南里　征興	
林　紗帆	
林　千博	
平井　伸央	税理士
馬瀬　洋二郎	公認会計士・税理士
松元　貴哉	税理士
山﨑　維嗣	公認会計士

■編者紹介

税理士法人 山田＆パートナーズ

【国内拠点】

東京事務所	〒100-0005	東京都千代田区丸の内1-8-1 丸の内トラストタワーN館8階 電話：03（6212）1660
札幌事務所	〒060-0001	北海道札幌市中央区北一条西4-2-2 札幌ノースプラザ8階
盛岡事務所	〒020-0045	岩手県盛岡市盛岡駅西通2-9-1　マリオス19階
仙台事務所	〒980-0021	宮城県仙台市青葉区中央1-2-3　仙台マークワン11階
北関東事務所	〒330-0854	埼玉県さいたま市大宮区桜木町1-7-5 ソニックシティビル15階
横浜事務所	〒220-0004	神奈川県横浜市西区北幸1-4-1　横浜天理ビル4階
新潟事務所	〒951-8068	新潟県新潟市中央区上大川前通七番町1230-7 ストークビル鏡橋10階
長野事務所	〒380-0823	長野県長野市南千歳1-12-7　新正和ビル3階
金沢事務所	〒920-0856	石川県金沢市昭和町16-1　ヴィサージュ9階
静岡事務所	〒420-0853	静岡県静岡市葵区追手町1-6　日本生命静岡ビル5階
名古屋事務所	〒450-6641	愛知県名古屋市中村区名駅1-1-3　JRゲートタワー41階
京都事務所	〒600-8009	京都府京都市下京区四条通室町東入函谷鉾町101番地 アーバンネット四条烏丸ビル5階
大阪事務所	〒541-0044	大阪府大阪市中央区伏見町4-1-1 明治安田生命大阪御堂筋ビル12階
神戸事務所	〒650-0001	兵庫県神戸市中央区加納町4-2-1 神戸三宮阪急ビル14階
広島事務所	〒732-0057	広島県広島市東区二葉の里3-5-7 GRANODE（グラノード）広島6階
高松事務所	〒760-0025	香川県高松市古新町3番地1　東明ビル6階
松山事務所	〒790-0003	愛媛県松山市三番町4-9-6　NBF 松山日銀前ビル8階
福岡事務所	〒812-0011	福岡県福岡市博多区博多駅前1-13-1 九勧承天寺通りビル5階
南九州事務所	〒860-0047	熊本県熊本市西区春日3-15-60　JR熊本白川ビル5階
鹿児島事務所	〒890-0045	鹿児島県鹿児島市武1-2-10　JR鹿児島中央ビル8階

【海外拠点】

シンガポール　1 Scotts Road #21-09 Shaw Centre Singapore 228208

中国（上海）　亜瑪達商務諮詢（上海）有限公司　上海市静安区南京西路1515号
　　　　　　　静安嘉里中心１座12階1206室

ベトナム（ハノイ）　26th floor West Tower, LOTTE CENTER HANOI, 54 Lieu
　　　　　　　　　Giai, Cong Vi, Ba Dinh, Hanoi, Vietnam

ベトナム（ホーチミン）　19th floor, Sun Wah Tower, 115 Nguyen Hue, Ben Nghe,
　　　　　　　　　　Quan 1, Ho Chi Minh, Vietnam

アメリカ（ロサンゼルス）　1411 W. 190th Street, Suite 370, Gardena, CA 90248 USA

アメリカ（ホノルル）　1441 Kapiolani Blvd., Suite 910, Honolulu, HI 96814 USA

台湾（台北）（※アライアンス事務所）　105001 台北市松山區復興北路369號６樓之７

【業務概要】

法人対応，資産税対応で幅広いコンサルティングメニューを揃え，大型・複雑案件に多くの実績がある。法人対応では企業経営・財務戦略の提案に限らず，M&Aや企業組織再編アドバイザリーに強みを発揮する。また，個人の相続や事業承継対応も主軸業務の１つであり，相続税申告やその関連業務など一手に請け負う。このほか医療機関向けコンサルティング，国際税務コンサルティング，公益法人制度サポート業務にも専担部署が対応する。

Q&A外形標準課税の実務ガイドブック

2024年11月10日　第1版第1刷発行

編　者　税理士法人 山田&パートナーズ

発行者　山　本　　　継

発行所　㈱中央経済社

発売元　㈱中央経済グループ
　　　　パブリッシング

〒101-0051　東京都千代田区神田神保町1-35
電話　03 (3293) 3371 (編集代表)
　　　03 (3293) 3381 (営業代表)
https://www.chuokeizai.co.jp

印刷／㈱堀内印刷所
製本／㈲井上製本所

© 2024
Printed in Japan

＊頁の「欠落」や「順序違い」などがありましたらお取り替えいた
しますので発売元までご送付ください。(送料小社負担)

ISBN978-4-502-50751-9　C3034

JCOPY〈出版者著作権管理機構委託出版物〉本書を無断で複写複製 (コピー) することは、
著作権法上の例外を除き、禁じられています。本書をコピーされる場合は事前に出版者著
作権管理機構 (JCOPY) の許諾を受けてください。
　JCOPY〈https://www.jcopy.or.jp　eメール：info@jcopy.or.jp〉

●実務・受験に愛用されている読みやすく正確な内容のロングセラー！

定評ある税の法規・通達集シリーズ

所得税法規集
日本税理士会連合会
中央経済社 編

❶所得税法 ❷同施行令・同施行規則・同関係告示 ❸租税特別措置法（抄）❹同施行令・同施行規則・同関係告示（抄）❺震災特例法・同施行令・同施行規則（抄）❻復興財源確保法（抄）❼復興特別所得税に関する政令・同省令 ❽能登復興特例 ❾災害減免法・同施行令 ❿新型コロナ税特法・同施行令・同施行規則 ⓫国外送金等調書提出法・同施行令・同施行規則・同関係告示

所得税取扱通達集
日本税理士会連合会
中央経済社 編

❶所得税取扱通達（基本通達／個別通達）❷租税特別措置法関係通達 ❸国外送金等調書提出法関係通達 ❹災害減免法関係通達 ❺震災特例法関係通達 ❻新型コロナウイルス感染症関係通達 ❼索引

法人税法規集
日本税理士会連合会
中央経済社 編

❶法人税法 ❷同施行令・同施行規則・法人税申告書一覧表 ❸減価償却耐用年数省令 ❹法人税法関係告示 ❺地方法人税法・同施行令・同施行規則 ❻租税特別措置法（抄）❼同施行令・同施行規則・同関係告示 ❽震災特例法・同施行令・同施行規則（抄）❾復興財源確保法（抄）❿復興特別法人税に関する政令・同省令 ⓫新型コロナ税特法・同施行令 ⓬特別透明化法・同施行令・同施行規則

法人税取扱通達集
日本税理士会連合会
中央経済社 編

❶法人税取扱通達（基本通達／個別通達）❷租税特別措置法関係通達（法人税編）❸減価償却耐用年数省令 ❹機械装置の細目と個別年数 ❺耐用年数の適用等に関する取扱通達 ❻震災特例法関係通達 ❼復興特別法人税関係通達 ❽索引

相続税法規通達集
日本税理士会連合会
中央経済社 編

❶相続税法 ❷同施行令・同施行規則・同関係告示 ❸土地評価審議会令・同省令 ❹相続税法基本通達 ❺財産評価基本通達 ❻相続税法関係個別通達 ❼租税特別措置法（抄）❽同施行令・同施行規則（抄）・同関係告示 ❾租税特別措置法（相続税法の特例）関係通達 ❿同施行令・同施行規則（抄）・同関係告示 ⓫震災特例法関係通達 ⓬災害減免法・同施行令（抄）⓭国外送金等調書提出法・同施行令・同施行規則・同関係通達 ⓮民法（抄）

国税通則・徴収法規集
日本税理士会連合会
中央経済社 編

❶国税通則法 ❷同施行令・同施行規則・同関係告示 ❸国外送金等調書提出法・同施行令・同施行規則 ❹租税特別措置法・同施行令・同施行規則 ❺新型コロナ税特法・令 ❻国税徴収法 ❼同施行令・同施行規則・同告示 ❽滞調法・同施行令・同施行規則 ❾税理士法・同施行令・同施行規則・同関係告示 ❿電子帳簿保存法・同施行令・同施行規則・同関係告示・同関係通達 ⓫デジタル手続法・同国税関係法令に関する省令・同関係告示 ⓬行政手続法 ⓭行政不服審査法 ⓮行政事件訴訟法（抄）⓯組織的犯罪処罰法（抄）⓰没収保全と滞納処分との調整令 ⓱犯罪収益規則（抄）⓲麻薬特例法（抄）

消費税法規通達集
日本税理士会連合会
中央経済社 編

❶消費税法 ❷同別表第三等に関する法令 ❸同施行令・同施行規則・同関係告示 ❹消費税法基本通達 ❺消費税申告書様式等 ❻消費税法等関係取扱通達等 ❼租税特別措置法 ❽同施行令・同施行規則（抄）・同関係通達 ❾消費税転嫁対策法・同ガイドライン ❿震災特例法・同施行令・同関係告示 ⓫震災特例法関係通達 ⓬新型コロナ税特法・同施行令・同施行規則・同関係告示・同関係通達 ⓭税制改正法等 ⓮地方税法（抄）⓯同施行令・同施行規則（抄）⓰所得税法・同施行令（抄）⓱国税通則法（抄）・同関係告示 ⓲輸徴法令（抄）・同関係告示 ⓳関税定率法令（抄）⓴国税通則法令・電子帳簿保存法令

登録免許税・印紙税法規集
日本税理士会連合会
中央経済社 編

❶登録免許税法 ❷同施行令・同施行規則 ❸租税特別措置法・同施行令・同施行規則（抄）❹震災特例法・同施行令・同施行規則（抄）❺印紙税法 ❻同施行令・同施行規則 ❼印紙税法基本通達 ❽租税特別措置法・同施行令・同施行規則（抄）❾印紙税額一覧表 ❿震災特例法・同施行令・同施行規則（抄）⓫震災特例法関係通達等

中央経済社